古典文獻研究輯刊

三七編

潘美月・杜潔祥 主編

第32冊

辟疆園杜詩注解（上）

陳開林 整理

國家圖書館出版品預行編目資料

辟疆園杜詩注解（上）／陳開林 整理 -- 初版 -- 新北市：花
木蘭文化事業有限公司，2023〔民 112〕
目 22+158 面；19×26 公分
（古典文獻研究輯刊 三七編；第 32 冊）
ISBN 978-626-344-495-9（精裝）
1.CST：（唐）杜甫 2.CST：唐詩 3.CST：注釋 4.CST：研究考訂
011.08   112010532

ISBN-978-626-344-495-9

9 786263 444959

古典文獻研究輯刊
三七編　第三二冊　　　　　　ISBN：978-626-344-495-9

辟疆園杜詩注解（上）

作　　者　陳開林（整理）
主　　編　潘美月、杜潔祥
總 編 輯　杜潔祥
副總編輯　楊嘉樂
編輯主任　許郁翎
編　　輯　張雅淋、潘玟靜　美術編輯　陳逸婷
出　　版　花木蘭文化事業有限公司
發 行 人　高小娟
聯絡地址　235 新北市中和區中安街七二號十三樓
　　　　　電話：02-2923-1455／傳真：02-2923-1452
網　　址　http://www.huamulan.tw 信箱 service@huamulans.com
印　　刷　普羅文化出版廣告事業
初　　版　2023 年 9 月
定　　價　三七編 58 冊（精裝）新台幣 150,000 元
　　　　　　　　　　　　　　　　　版權所有・請勿翻印

辟疆園杜詩注解（上）

陳開林　整理

作者簡介

陳開林（1985～），湖北麻城人。2009 年畢業於重慶工商大學商務策劃學院，獲管理學學士學位（市場營銷專業商務策劃管理方向）。2012 年畢業於湖北大學文學院，獲文學碩士學位（中國古代文學先秦方向）。2015 年畢業於華中師範大學文學院，獲文學博士學位（中國古代文學元明清方向）。現為鹽城師範學院文學院副教授、江蘇省「青藍工程」優秀青年骨幹教師培養對象。主要研究元明清文學、經學文獻學。完成江蘇高校哲學社會科學基金項目「錢穆佚文輯補與研究」（2017SJB1529），在研國家社科基金後期資助「《古周易訂詁》整理與史源學考辨」（21FZXB017）。出版《〈全元文〉補正》《劉毓崧文集校證》《〈周易玩辭困學記〉校證》《〈純常子枝語〉校證》《杜詩闡》《陳玉澍詩文集箋證》《詩經世本古義》《〈青學齋集〉校證》《〈讀易述〉校證》《陸繼輅集》《〈曝書亭集詩注〉校證》，並在《圖書館雜誌》、《文獻》、《中國典籍與文化》、《古典文獻研究》、《圖書館理論與實踐》、《中國詩學》等刊物發表論文百餘篇，另有「史源學考易」系列、元明清《春秋》系列、明清《詩經》系列、清代別集系列等待刊。

提　　要

　　清代是繼宋代之後的又一個杜詩學研究的高峰期，注杜之作大量湧現。部分著述蜚聲學林，廣為傳佈，如錢謙益《錢注杜詩》、朱鶴齡《杜工部詩集輯注》、仇兆鰲《杜詩詳注》、浦起龍《讀杜心解》、楊倫《杜詩鏡銓》等。但也有一些著述，曾經頗為輝煌，風行一時，後世卻備受冷落，顧宸《辟疆園杜詩注解》即為一例。

　　顧宸於順治年間完成杜詩全注，但僅五言律、七言律付梓以行世。《辟疆園杜詩注解》共收錄杜詩五言律十二卷，選詩 627 首；七言律五卷，選詩 151 首；卷首有年譜一卷。該書要言不煩，內容豐富，勝義紛呈。梁曦勻稱「仇兆鰲《杜詩詳注》對其徵引約有二百二十餘條，清人楊倫《杜詩鏡銓》徵引其內容約七十條，清人浦起龍《讀杜心解》引用約二十六條」（《顧宸及其〈辟疆園杜詩注解〉研究》，西北大學 2019 年碩士論文），其學術價值據此可窺一斑。

　　《辟疆園杜詩注解》僅有清康熙二年（1663 年）吳門書林刻本。本書是該書的首個整理本，期於能為相關研究提供便利。

大運河文化帶建設研究院鹽城分院智庫
鹽城地域文化與社會治理研究院智庫
階段性成果

目

次

下　冊

前　言

一

　　杜甫及杜詩的魅力，被聞一多譽為「中國有史以來第一個大詩人，四千年文化中最莊嚴、最絢麗、最永久的一道光彩」。(《唐詩雜論・杜甫》)歷代學者對杜甫及杜詩投入了大量的精力加以研究，形成了蔚為大觀的杜詩學。

　　眾所周知，宋代和清代是杜詩學的兩座高峰。宋代出現了「千家注杜」的盛況，開闢和奠定了杜詩學的研究方向，如洪業在《杜詩引得序》裏所言：「自是以後，學者之於《杜集》，或補遺焉，或增校焉，或注釋焉，或批點焉，或更轉而為詩話焉，為年譜焉，為集注焉，為分類焉，為編韻焉，或如今之為引得焉；溯其源，無不受二王所輯刻《杜工部集》之賜者。」〔註1〕清代則是出現了一大批精湛的杜詩注本，所謂後出轉精，解決了杜詩學的諸多疑寶。如錢謙益《錢注杜詩》、朱鶴齡《杜工部集輯注》、仇兆鰲《杜詩詳注》、浦起龍《讀杜心解》、楊倫《杜詩鏡銓》等，直至今天，依然是學人研治杜詩的重要參考資料。

　　我曾在《杜詩闡》的前言裏提到：

　　　　《杜集敘錄》「清代編」共著錄386位學者的413部著作，當然
　　還有少量失載之書〔註2〕，數量極大。除了前舉聞名之作外，還有一

〔註1〕洪業《洪業論學集》，中華書局，1981年版，第302～303頁。
〔註2〕參著者《〈杜集敘錄〉清代編作家傳記補正》，刊《中國詩學》，2018年第26輯。

—1—

些典籍本身具有很高的學術價值，在當時也頗為知名，但由於年代久遠，已經變得日漸沈寂，不為所重。諸如顧宸《辟疆園杜詩注解》、盧元昌《杜詩闡》等。

所以在《杜詩闡》整理完成之後，我又開始了《辟疆園杜詩注解》的整理。當然，這也是我杜詩系列的一部分。

二

洪業曾指出：「錢、朱二書既出，遂大啟注《杜》之風，康熙一代，著作如林。」顧宸《辟疆園杜詩注解》即為其一。

關於顧宸的生平，孫微《顧宸及其〈辟疆園杜詩注解〉》（《杜甫研究學刊》，2002 年第 1 期）、《顧宸生平鉤沉》（《江海學刊》，2002 年第 5 期）考辨詳審，可為參考。其《顧宸生平鉤沉》曰：

> 顧宸：生於萬曆三十五年（1607），卒於康熙十三年（1674）
> （《錫山書目考》卷四），年六十八。顧嘉舜之子，字修遠，號荃宜
> （顧光旭《梁溪詩鈔》），無錫人。因其所居名辟疆園，故人稱顧辟
> 疆。少受知於鄭鄤及艾南英（吳德旋《初月樓聞見續錄》卷九）。崇
> 禎十年（1637）在無錫結聽社，與錢陸燦、華時亨、黃家舒、唐德
> 亮等並稱「聽社十七子」（《無錫金匱縣志・文苑傳》）。崇禎十一年
> （1638），參與聲討阮大鋮之《留都防亂公揭》（《冒巢民年譜》）。
> 崇禎十二年（1639）中鄉舉，名聲日盛，「上公車，主壇坫，稱海內
> 文章玉尺」（黃家舒《辟疆園杜詩注解・七言律序》），「負一世人倫
> 冰鏡之目」（畢忠吉《辟疆園杜詩注解・五言律序》），司掌考試與選
> 拔人才之職，「操文場選柄數十年」（《無錫金匱縣志・文苑傳》）。清
> 順治七年（1650），顧宸與太倉吳偉業，長洲宋實穎、尤侗，吳江計
> 東，崑山徐乾學，武進鄒祗謨等會浙江毛奇齡、陸圻、朱彝尊等在
> 嘉興舉十郡大社（《盛湖雜錄》）。順治十八年（1661），輯《宋文選》
> 三十卷（《常邑八郡藝文志》卷六）。晚年因官場失意，又加之藏書
> 毀於火，遂頹唐悲觀而死。所剩殘籍，悉流入富豪之家。

另外，百度詞條據清光緒修《江蘇無錫顧氏宗譜》收錄顧宸像。《江蘇無錫顧氏宗譜》未見，內中當有顧宸傳記，俟訪。附像如下：

明孝康修遠公像

鑛磨砥礪學問精瑩復社幾社先後抗衡宗工提振初推文書
辟疆圍出董時題逐聲氣之盛聯絡東南文章壇坫山斗同參
朝鮮使人購求善本旁及辰韓開混沌藏書之富絡雲董硯
一朝灰燼幸已塡膺綬帶褒衣丰神落落標榜何心千秋著作

族六世孫涪贊

三

　　關於顧宸《辟疆園杜詩注解》的編纂和成就，學界已有一些研究成果，如
孫微《顧宸及其〈辟疆園杜詩注解〉》（《杜甫研究學刊》，2002 年第 1 期）、童
岳敏《明清時期無錫的家族文化與文學——以顧宸家族為例》（第六屆寒山寺
文化論壇論文集，2012 年）、陳玉濤《顧宸〈辟疆園杜詩注解〉研究》（河北大
學 2019 年碩士論文）、梁曦勻《顧宸及其〈辟疆園杜詩注解〉研究》（西北大
學 2019 年碩士論文）。

　　其中孫微的文章發表最早，總結也最為全面。經過其考證，認為「顧宸完
成了全部杜詩的注解工作」，並結合《辟疆園杜詩注解》的諸序，指出「顧宸
注解杜詩，用力尤深，廣搜博採，考據審定，隻字未愜，殆忘寢食，數歷寒暑，
全注始就，復點竄刪削，數易其稿，於順治十八年（1661）方蕆事。李贊元時
任兩淮鹽政，閱後十分欣賞，為其刻印《七律注解》。康熙癸卯（1662）濟寧
人李壯又為其刻印了《五律注解》」，「《辟疆園杜詩注解》五律十二卷，選詩
627 首；七律五卷，選詩 151 首。」

在談論《辟疆園杜詩注解》的成就時，孫微就指出了「引書的廣泛性是顧注本的最突出特點」，「顧宸的注解不僅在名物考證方面取得上述的成績，其闡發詩意，鉤稽杜詩的言外之旨，往往洞察入微，切中肯綮」，「顧宸還注意運用『以杜證杜』的方法，在注釋中用杜詩說明詩意，既讓人信服，又顯出注釋者對全部杜詩的融會貫通」，「在闡釋詩意時，顧宸也往往旁徵博引，縱橫開合，深中詩意」幾個方面。同時，也認為「顧注也有一些明顯的缺點」。正如仇兆鰲評價的一樣：「若顧宸之《律注》，窮極苦心，而不無意見穿鑿。」〔註3〕

葉嘉瑩評《辟疆園杜詩注解》曾指出：「此書多用舊注，偶以己意評說，頗有是處」〔註4〕，但實際上，此書並非「偶以己意評說」，而是援引舊注，加以駁正，己意頗多；（此甚多，茲不舉例）同時，顧宸頗為自信，認為有些詩向無解者，自己一掃前人未解之處，鑿開鴻蒙。茲舉五例。

如七言律卷之三《將赴成都草堂途中有作先寄嚴鄭公五首》其一：

按：公意本急欲赴草堂，故先計其閭閻之還揖讓與否，再憶其松竹之荒蕪與否，因思昔日嚴公供饌之美，酒不用沽，公詩所云「竹裏行廚洗玉盤」是也；更思嚴公枉駕相臨，騶從甚盛，所云「花邊立馬簇金鞍」是也。曰「幾回書札」，曰「待潛夫」，便見嚴公殷勤吐屋之意，所云「非關使者徵求急，自識將軍禮數寬」是也。上七句俱是途中追擬其欲赴之意，幾不能自持。使他人為之，未免識其躁且急，而公一語作結，云「幾回書札待潛夫」，便將許多躁急心事都付與嚴公，公之善於自立地步如此。此詩章法之妙，諸注俱莫能解。

其三：

結語點出荒庭，即承上聯。公詩章法暗遞，每如蛛絲鳥跡，細認始知。即如此詩，上四句指浣花溪，下四句指草堂，亦無人疏出也。

如五言律卷十二《獨坐二首》其二：

結聯乃德不加修，年日益邁之歎。言我亦自知所欲行者百無一遂，豈是安心獨坐之時，無奈耳已先聾，不能有為於世，因此苦恨

〔註3〕（清）仇兆鰲《杜詩詳注》卷首《杜詩凡例》「近人注杜」，中華書局，2015年版，第27頁。

〔註4〕葉嘉瑩《秋興八首集說・引用書目》，北京大學出版社，2014年版，第7頁。

而獨坐耳。合二首觀之，句句是獨坐。舊注全未解出。

如五言律卷十二《歸雁》

按：此詩公借雁以自喻也。北歸者，公之心。以欲北歸之人而且為南行，非得已也，亦因兵氣所逼，不得不然，故終年不免作客之愁也。今雁且避於極南，是不能極南者而亦南矣，豈非是物之變亦關於兵氣乎？首曰「聞道」，非公所自見也，特聞嶺南節度徐浩之奏，故作是詩耳。奏在二年，則詩必作於三年之春也。三年春，公始出峽至江陵，然已有衡嶽之志矣。此詩向無解者，余為注明，恰合公衡嶽之行，杜陵老應為點首不已。

五言律卷十二《歸雁二首》其一：

末二句，舊解繆甚。牧齋先生本作「元浪語」，良是。按：《蘇武傳》：「漢使至匈奴索武，匈奴詐言武死。常惠教使者詭言漢天子射雁上林，得武帛書。匈奴乃歸武。」則雁足繫書原屬虛語，後人承訛襲繆，遂至相沿耳。然公意原非代武分疏。蓋公在南思北，家鄉薇蕨，日夕關心，見鴻雁北來，盼望音書而不可得，深歎關山迢遞，消息寂寥如此。然則雁足繫書徒虛語耳。因雁而思鄉信，因鄉信艱難而繫書之屬浪語，無非寫其「愁寂故山薇」，一種無聊惆悵之況，於子卿無與也。解者於此，正不得癡人說夢。

正因為書中有著大量的新見，使此書備受關注，曾經風行一時。梁曦匀稱「仇兆鰲《杜詩詳注》對其徵引約有二百二十餘條，清人楊倫《杜詩鏡銓》徵引其內容約七十條，清人浦起龍《讀杜心解》引用約二十六條」（《顧宸及其〈辟疆園杜詩注解〉研究》，西北大學 2019 年碩士論文），其學術價值據此可窺一斑。另外，後來有些杜詩注本即以此書加以增刪，如邊連寶《杜律啟蒙》、吳峻《杜律啟蒙》、紀容舒《杜律詳解》。〔註5〕

然而，隨著後來杜詩注本，尤其是杜詩全集注本的不斷湧現，而僅注五七律的《辟疆園杜詩注解》的劣勢便凸顯了出來，關注度自然就大不如從前。

《辟疆園杜詩注解》今僅見清康熙二年（1663）吳門書林刊本。此次整理，即以此為底本。本書作為《辟疆園杜詩注解》的首個整理本，希望對學界在研究顧宸及其《辟疆園杜詩注解》時能有所幫助。

〔註5〕參孫微《杜詩學文獻研究論稿》第三章《清代杜詩學文獻研究述略》第三節《紀容舒〈杜律詳解〉研究》，河北大學出版社，2010 年版，第 107 頁。

序

　　余居古任城南門，東偏有古南池，即杜陵老與許主簿舊遊地。今任城諸勝，自太白樓外，遺跡無存，而南池特傳，豈非以其詩哉？余讀子美遊兗諸什，尚歷歷可按跡而求，豈真遺臺古樹不改當時之舊哉？後之人因子美之詩，而或存其名，或紀其實，則亦惟子美之詩足千古而已矣。乃子美之詩傳，而無能為按其時、考其地、詳其事實，則詩傳而作詩之意不傳。故歷唐以至於今，人人皆知讀子美之詩，而讀而不解者十恒七八也。或強為作解，子美之意愈晦，則解子美之詩者，徒抑鬱其意於千載以上，而子美之古光異響，有時遭狂夫稚子之塗抹，則真恨其多此一解也。余嗜杜詩有年，遇有注杜者輒流覽不釋手，然讀而仍不解，躁悶益甚。疑杜陵之詩真有神焉，未易為後人揣摩，非解杜者咎也。昨歲李子雪嵐以顧子修遠《注杜七律》一編示余，余讀三日而狂舞叫絕，曰：此真杜之功臣哉！此真杜之功臣哉！益復尋繹再四，從來不可解之意義字句，無不了然心澈，怡然神會。覺當年作者「性僻驚人」與「晚節漸細」之句，一一可按時考地而得。噫，何其奇也！時方盛夏，顧子與雪嵐避暑虎丘，余亟訪於仰蘇樓上。即解衣磅礡，取其《五言律注》急讀之，讀竟一卷，索涼簟臥古樹下又讀，又竟一卷。毛子文濤攜酒盒至，余兩手互把酒翻詩，讀興益酣。方淋漓揮汗，覺颯颯涼風襲人，遂與顧子訂息壤盟，棗梨剞劂，余悉任焉。顧子欣然莫逆於心，因拉雪嵐、文濤偕至余署，復流連竟夕，惟嘖嘖談杜陵老不置。今春，刻告成，索序於余，余復何能贊一詞哉！雖然，杜陵老，古之傷心人也，遭時暗，君相莫能用，流離隴蜀，一飯未嘗忘君，旅困耒陽，牛肉白酒，不餓死而飽死，亦幸矣！五代搶攘，宜不享其俎豆。兩宋以來，以詩名世者不下千家，何不聞疏於朝廷，俾得有尊崇優異之典。至紐憐太監始請

以杜甫草堂崇祀，又得追謚文貞，載《虞奎章集》，可信。然《元史》有《紐憐傳》，而不載此事，則子美生前懷抱之鬱結，沒後遭逢之偃蹇，可勝道哉！獨區區以詩傳，而作詩之意不傳，則子美之傳，亦僅矣。得顧子解而子美作詩之意傳，並子美不能自傳之意亦代為之傳，九原復起，豈更有不遇之憾哉！余故喜為流佈，使海內知少陵有真知己，而修遠以余南池一片地、虎丘一席談，合為古今佳話也。

康熙癸卯初春，古任城棘人李壯蠖庵氏題於吳閶李署。

序〔註1〕

　　予李毗陵，喜得交顧子修遠。修遠負一世人倫冰鑒之目，好學深思，於二酉之藏鮮所不窺。其論詩獨祭酒拾遺，予亦少負嗜杜癖，苦不得善本，每泛瀾諸家所評注，輒白日欲睡。既交修遠，因得讀其所注五七言律，心開目明，如饑十日而獲太牢，數年所懷，一朝頓盡。遂急取其五律注，代懸國門，與七律稱雙璧焉。刻既成，修遠謂予不可無言。予觀唐三百年，以二律並稱擅場者，獨子美一人。供奉長於五而短於七，惟右丞差堪雁行。然王如高帝將兵，不過十萬；杜則韓淮陰，多多益善。元、白篇什雖富，頹然自廢矣。顧就二體論之，七言律肇自唐人，初唐整麗有餘，流暢不足。開元、天寶間，始稱極盛，雖人自名家，無不以蘊藉含蓄、悠揚婉轉為宗。子美出，而後變為沉雄悲壯，頓挫激昂，雄視一世。然則杜之有七言律，盡變盛唐諸家之格，所謂「龍躍天門、虎臥鳳闕」者耶？五言律體發端齊梁，自初盛中晚，代有作者。子美則無境不兼，凡吳均、何遜、庾信、徐陵，以至楊、盧、沈、宋、儲、孟、高、岑、摩詰、青蓮，及後來錢、劉之員暢，元、白之平易，盧仝、馬異之渾成，義山、長吉之瑰僻，郊、島幽微，藉、建顯淺，溫、劉寓纖新於唱歎，牧、渾寄拗峭於麗密。下逮「力侔分社稷，志屈偃經綸」，歐、蘇得之為論宗；「江山如有待，花柳更無私」，程、朱得之為理窟；「魯衛彌尊重，陳徐略喪亡」，魯直得之為深沉；「白屋留孤樹，青天失萬艘」，無己得之為瘦勁；「煙花山際重，舟楫浪前輕」，聖俞得之為閒澹；「江城孤照日，山谷近含風」，去非得之為渾雅。昔賢所述，信而有徵。然則杜之有五言律，盡集六朝唐宋諸公之成，所謂建章宮

〔註1〕據國圖本補。

—9—

之千門萬戶，蓬萊、扶桑之五城十二樓是也。知二體之異，因以辨注二體者之得失。注七言律者，未窺其日破萬卷、鎔裁錯綜之武庫，而沿襲舊聞，多失之疏漏舛錯；注五言律者，不得其下筆有神、抑揚唱歎之深致，而別求異解，多失之穿鑿附會。如金鎖綠沉，白羽青絲，紛紛聚訟，何關神理，只成蛇足。又詠物之篇，必求比類；述景之作，詁以刺譏。修遠痛為刊削，於是小儒陋說，俗學深文，摧陷廓清，曠然一空。援據考證，則視七言加詳焉。即如崆峒燕將，南星故園，解似創獲。然按以史傳歲月，毫髮不爽，否則下殿屈駕，將同疊床架屋，而新主芳樽，不幾幸亡樂禍乎？千年暗室，忽現一燈。南山可移，此判不動。諸所駁證，往往類是。至於靈心員映，慧想特標，有美必搜，一詞莫贊。予簿書鞅掌，愧不能與修遠朝夕共手太瘦生佳句，賞奇析義。然每過梁溪，問徑名園，握手道故外，輒舉是編，相為揚扢，以當撫掌。覺尊酒細論，去人不遠。此刻之行，不敢自附子雲、君山。若夫淮南《鴻寶》，秘在枕中；中郎《論衡》，移於帳內，竊有同嗜焉。謂予與修遠傾蓋白頭之誼，以少陵野老為盟主可也。「文章有神交有道」，「不薄今人愛古人」，予與修遠亦何恨哉！

康熙歲次癸卯燈節前一日，北海同學弟畢忠吉致中氏撰。

杜子美年譜^{〔註1〕}

睿宗先天元年，壬子。即景雲三年。正月改元太極，五月改延和，八月改先天。

七月，立皇太子隆基為皇帝，以聽小事，自尊為太上皇。八月，玄宗即位。

呂大防《詩譜》云：「按：志傳皆云公年五十九卒，在大曆五年，當生於是年。」

玄宗開元元年，癸丑。即先天二年。十二月改元。

七月，詔歸政於皇帝。九月，張說為中書令。十月，姚元之同中書門下三品。

開元二年，甲寅。

開元三年，己卯。

公《觀舞劍器行》云：「開元三年，余尚童稚，於郾城觀公孫舞劍器。」《詩譜》云：「是年才四歲，或有誤。」

開元四年，丙辰。

六月，睿宗崩。十月，葬於橋陵。以同州蒲城縣為奉先縣。十二月，姚崇罷，宋璟兼黃門監，蘇頲同平章事。

開元五年，丁巳。

九月，紫微省依舊為中書省，黃門省為門下省，黃門監為侍中。

開元六年，戊午。

公年七歲。《壯遊》詩云：「七齡思即壯，開口詠鳳凰。」《進鵰賦表》云：

「自七歲所綴詩筆，向四十矣，約千有餘篇。」

開元七年，己未。

開元八年，庚申。

　　正月，宋璟、蘇頲罷。

　　公《壯遊》詩：「九齡書大字，有作成一囊。」

開元九年，辛酉。

　　九月，張說同中書門下三品。

開元十年，壬戌。

開元十一年，癸亥。

　　四月，張說為中書令。十月，帝幸溫泉，作溫泉宮。

開元十二年，甲子。

開元十三年，乙丑。

　　十一月，東封泰山。

　　公年十四。《壯遊》詩云：「往昔十四五，出遊翰墨場。斯文崔魏徒，以我似班楊。」

開元十四年，丙寅。

　　四月，張說罷。岐王範薨。

　　公年十五，出遊或是此年。

開元十五年，丁卯。

開元十六年，戊辰。

開元十七年，己巳。

　　八月癸亥，以每年八月五日為千秋節。宋璟為尚書右丞相。

開元十八年，庚午。

　　十一月，張說薨。

開元十九年，辛未。

　　公年二十，上《三大禮賦表》云：「浪跡陛下豐草長林，實自弱冠之年。」《壯遊》詩：「東下蘇姑渡，浙江遊剡溪。」當起於是年。

開元二十年，壬申。

　　三月，信安王禕大破奚契丹於幽州。六月，遣范安及於長安廣花萼樓，築

夾城，至芙蓉園。

開元二十一年，癸酉。

二月，韓休同中書門下平章事。十一月，宋璟致仕。十二月，韓休罷，張九齡同中書門下平章事。

開元二十二年，甲戌。

正月，帝幸東都。五月，張九齡為中書令，李林甫同平章事。十二月，張守珪斬契丹王屈烈及其大臣虞可汗，傳首東都。

開元二十三年，乙亥。

帝在東都。

公《壯遊》詩：「歸帆拂天姥，中歲貢舊鄉。忤下考功第，拜辭京尹堂。放蕩齊趙間，裘馬頗清狂。快意八九年，西歸到咸陽。」按史，二十四年移貢舉於禮部，則下考功在二十四年之前。

開元二十四年，丙子。

三月，始移考功貢舉，遣部侍郎掌之。十月，駕還西京。十二月，張九齡罷，李林甫兼中書令，牛仙客同平章事。

開元二十五年，丁丑。

四月，張九齡貶荊州長史，廢太子瑛、鄂王瑤、光王琚為庶人，賜死。是年，以幾致刑措，推功元輔。十一月，宋璟薨。

開元二十六年，戊寅。

三月，杜希望攻拔吐蕃新城，以其地為威戎兵。六月，張守珪大破契丹、林胡，遣使獻捷。是年，分左右羽林，置龍武軍。

開元二十七年，己卯。

八月，蓋嘉運大破突騎施於碎葉城，擒其王火吐火仙，送京城。

開元二十八年，庚辰。

二月，張九齡卒。是時頻歲豐稔，京師米斛不滿二百，天下乂安。雖行萬里，不持寸刃。

開元二十九年，辛巳。

正月，兩京諸州各置玄元皇帝朝，並崇玄學。八月，以安祿山為營州都督，充平盧軍使。

公年三十歲。《祭遠祖當陽君文》曰：「小子築室首陽之下，謹以寒食之奠

詔告於先祖。」

天寶元年，壬午。正月丁未改元。

　　正月，得靈寶於尹喜故居，置玄元廟於大亭坊。八月，李适之為左相。九月，兩京玄元廟改曰太上玄元皇帝宮。

　　公在東都。姑萬年縣君卒於東京仁風里，遷殯於河南縣。

天寶二年，癸未。

　　正月，安祿山入朝。三月，改西京玄元廟為太微宮，東京為太清宮。

　　公在東都。

天寶三載，甲申。正月，改年為載。

　　正月，遣左右以下祖別賀知章於長樂坡。李白供奉翰林。三月，安祿山兼范陽節度使。壽王妃楊氏號太真，召入宮。李白賜金放歸。

　　公在東都，五月，祖母范楊君卒於陳留之私第。八月，歸葬偃師。是時李白自翰林放歸，客遊梁宋齊魯，相從賦詩，正在天寶三、四載間。

天寶四載，乙酉。

　　八月，冊立太真為貴妃，三姐皆賜第京師。

　　公在齊州。李邕為北海太守，陪宴歷下亭。李白、高適俱有贈邑詩，當是同時。白有《魯郡石門別杜二子美》詩，或四、五之秋也。

天寶五載，丙戌。

　　四月，左相李适之罷，陳希烈同平章事。

　　公歸長安。

天寶六年，丁亥。

　　正月，遣使就殺北海太守李邕。李适之飲藥死。詔下通一藝者詣京師，林甫下尚書覆試，皆退下。九月，安祿山築雄武城。十月，幸溫泉宮，改為華清宮。十一月，哥舒翰充隴右節度使。十二月，高仙芝討小勃律，虜其王歸。

　　公應詔退下，在長安。

天寶七載，戊子。

　　韋濟為河南尹，遷尚書左丞。

　　十月，幸華清宮，封貴妃，三姊並國夫人。十二月，哥舒翰築神武軍於青海上，又築城龍駒島，吐蕃不敢近青海。

　　公在長安。

天寶八年，己丑。

　　閏六月，謁太清宮，時冊玄元尊號高祖以下五帝皆加大聖字。京兆尹蕭炅坐贓，左遷汝陰太守。哥舒翰攻拔吐蕃石堡城。

天寶九年，庚寅。

　　正月，詔封西嶽。三月，嶽廟災。久旱，停封。五月，安祿山封東平郡王。七月，以鄭虔為廣文館博士。

　　公在長安。

天寶十年，辛卯。

　　正月壬辰，朝獻太清宮。癸巳，朝饗太廟。甲午，有事於南郊。三月，安祿山兼領三鎮。四月，鮮于仲通討南詔，大敗於瀘水。八月，安祿山大敗於契丹。十一月，楊國忠兼領嶺南節度使。

　　公年四十，進《三大禮賦》，玄宗奇之，命待制集賢院。

天寶十一載，壬辰。

　　十一月，李林甫薨。楊國忠為右相。哥舒翰、安祿山、思順皆入朝。

　　召試公文章，送隸有司，糸列選序。

天寶十二年，癸巳。

　　正月，京兆鮮于仲通諷選人為楊國忠立頌省門。

天寶十三載，甲午。

　　正月，安祿山入朝，加僕射。二月，楊國忠守司空，受冊。三月，張垍貶盧溪司馬。兄均，建安太守。八月，霖雨積六十餘日。陳希烈罷。韋見素同平章事。公進《封西嶽賦》。

天寶十四年，乙未。

　　十一月，安祿山反，陷河北諸郡。郭子儀為朔方節度副大使。十二月，陷東京。哥舒翰為兵馬副元帥，守潼關。

　　授公河西尉，不拜。改右衛率府冑曹參軍。十一月，往奉先縣。

肅宗天寶十五載，丙申。七月，肅宗即位，改至德元載。

　　正月，祿山僭號於東京。李光弼為河東節度副大使。六月，哥舒翰戰敗於靈寶西原。祿山陷潼關。上出延秋門，次馬嵬。陳玄禮殺楊國忠，貴妃自縊。祿山陷京師，陳倉令薛景仙殺賊將，保扶風。七月，次普安郡。房琯同平章事。丁卯，下詔制置天下。八月甲子，太子即位於靈武。上皇遣韋見素、房琯

使靈武冊命。李泌見上於靈武。回紇、吐蕃請助國討賊。九月,上幸彭原郡。十月,房琯敗績於陳濤斜。永王璘反。十二月,以高適為淮南節度使。

　　公五月自奉先往白水。六月自白水往鄜州。聞肅宗立,自鄜贏服奔行在,陷賊中。

至德二載,丁酉。

　　正月,上在彭原,安慶緒弒祿山而自立。二月,幸鳳翔。史思明自博陵,蔡希德自太行,高秀巖自大同,牛廷介自范陽,引兵十萬,寇太原,李光弼大破之。永王璘敗死。五月,郭子儀敗於清渠,退保武功。房琯罷。張鎬同平章事。八月,鎬出兼河南節度使。九月,廣平王統朔方、安西、回紇眾收西京。十月,慶緒奔河北。廣平王收東京。上皇誥定行期。李泌乞歸衡山。癸亥,上自鳳翔還京。十一月壬申,御丹鳳樓,下制。十二月,上皇至自蜀,居興慶宮。上皇誥改蜀郡為都府,長史為尹。劍南、東西川各置節度使,大封蜀郡。靈武元從功賊官六等定罪。

　　口口賊中,五月竄歸鳳翔,拜左拾遺。上疏救房琯,上怒,詔三司推問,張鎬救之,仍放就列。八月,墨制放還鄜州省妻子。十月,扈從還京。

乾元元年,戊戌。二月,改元復,以載為年。

　　二月,李輔國判行軍司馬。三月,元帥楚王俶改封成王。四月,冊張淑妃為皇后。九廟成,迎神主入新廟。五月,張鎬罷。自立成王為皇太子。六月,貶房琯為邠州刺史,下制數其罪。劉秩、嚴武等俱貶。七月,幼女寧國公主嫁回紇。九月,命郭子儀統九節度之師討安慶緒。以魚朝恩為觀察使。十二月,圍相州。

　　公任左拾遺。六月,出為華州司功。冬晚間,至東都。

乾元二年,己亥。

　　正月,史思明稱燕王於魏州。李嗣業卒於行營。三月,九節度師大潰於滏水。思明殺安慶緒。郭子儀斷河陽橋,以餘眾保東京。以李光弼代之。六月,以裴冕為成都尹,充劍南節度使。九月,史思明陷東京。光弼守河陽。

　　公春自東都回華州。關輔饑。七月,棄官西去。度隴,客秦州,卜西枝村,置草堂未成。十月,往同谷縣,寓同谷。不盈月。十二月一日,自隴右入蜀,至成都。

上元元年,庚子。

　　三月以李若幽為成都尹,李奐為東川節度使。四月,李光弼破賊於懷州、

河陽。閏月，房琯為晉州刺史。七月，上皇移居西內，高力士配流巫州。九月，以江陵為南都。蜀郡先為南京，復為蜀郡。制郭子儀統諸道兵，自朔方取范陽，為魚朝恩所沮。十一月，李光弼收懷州。十二月，李鼎為鳳翔尹。

公間嘗至蜀州之青城、新津。是歲營草堂，故曰「經營上元始」。《堂成》詩云：「頻來語燕定新巢。」則三月堂成。

上元二年，辛丑。九月，去上元年號，稱元年，以十一月為歲首，以斗所建辰為名。

二月，崔光遠代李若幽為成都尹。李光弼敗於北邙，河陽、懷州俱陷。三月，史思明為其子朝義所殺。四月，張鎬貶辰州司馬。段子璋反於東川，陷綿州，東都節度使李奐奔成都。五月，崔光遠擒子璋牙將花驚定，恃功大掠。復以李光弼為河南副元帥，出鎮臨淮。王思禮卒。八月，李輔國守兵部尚書。建亥月，光遠卒。建丑月，合劍南、兩川為一道，廢東川節度，以嚴武為成都尹。

公年五十歲，居草堂。

代宗寶應元年，壬寅。建巳月，改元，復以正月為歲首，建巳月為四月。是月代宗即位。

建卯月，復下詔建都。河東諸將殺鄧景山。封郭子儀為汾陽王。召來瑱赴京師，復令還鎮。密勒裴茂代之。建辰月，元載同平章事。建巳月乙卯，玄宗崩。丁卯，上崩。李輔國殺張后及越王係，乃發喪，號輔國尚父。五月，李光弼至徐州，諸將畏其威名，相繼赴闕。六月，程元振代輔國判行軍司馬。來瑱擒裴茂於田口。七月，嚴武召還，為二聖山陵橋道使。徐知道反，以兵守劍閣，武不得出。八月，徐知道為其下所殺。郭子儀解副元帥節度使，留京師。九月，裴冕貶施州刺史。十月，雍王適為天下兵馬元帥，僕固懷恩副之，討史朝義。雍王見回紇可汗於河北，進克河陽，東都、河北悉平。李懷仙斬朝義首來獻。

公《草堂》詩云：「斷首寶應年。」七月送嚴武還朝到綿州。未幾，徐知道之亂，因入梓州。冬，復歸成都，迎家至梓。十一月，往射縣洪南之通泉邑，皆梓屬邑。本傳云：「遊東蜀，依高適。」當在此時嚴武入朝之後。

廣德元年，癸卯。七月改元。

正月，來瑱入朝謝罪，賜死。閏月，史朝義降。將分帥河北，各為節度使。回紇登里可汗還國。三月，玄宗葬泰陵。四月，李之芳自吐蕃歸。七月，吐蕃

盡取河隴。八月,房琯拜特進、刑部尚書,卒於閬州。十月,吐蕃寇奉天、武功,上出幸陝州。吐蕃入長安,立廣武王承宏為帝。郭子儀復京師。十一月,程元振放歸田里。廣州市舶使呂太乙反。十二月,上還長安,以魚朝恩為天下觀軍容宣慰處置使。吐蕃陷松、維、保三州及雲山、新築二城,西川節度使高適不能救。

公在梓州。九月二十二日壬戌,祭房相於閬州。是年,除京兆功曹。本傳:「久之,召補京功曹別駕。」《巴州》詩注:「時甫除京兆功曹,在東州。」

廣德二年,甲辰。

劍南、東西川以黃門侍郎嚴武為節度使。七月,李光弼薨於徐州。八月,王縉都統河南、淮南、山東南道節度行營事。九月,江南西道觀察使張鎬卒,李勉代之。嚴武破吐蕃七萬眾,撥當狗城。十月,收吐蕃鹽川城。僕固懷恩誘吐蕃、回紇入寇。十一月,吐蕃軍潰。

春,公自梓州往閬州。嚴武再鎮蜀,春晚遂歸成都。六月,在武幕中,武表為節度參謀、檢校工部員外郎,賜緋魚袋。

永泰元年,乙巳。正月改元。

正月,左散騎常侍高適卒。嚴武加檢校吏部尚書,四月卒。五月,郭英乂為成都尹。九月,僕固懷恩復引吐蕃、回紇入寇。懷恩死於鳴沙。十月,郭子儀說諭回紇,合回紇軍擊破吐蕃於靈臺。郭英乂為兵馬崔旰所殺。邛州牙將柏貞節、瀘州楊子琳、劍南李昌夔皆起兵討崔旰。

公辭幕府,歸浣花溪草堂。五月,離草堂南下,自戎州至渝州。六月,至忠州,旋至雲安縣居之。自秋徂冬,俱在雲安。

大曆元年,丙午。十一月改元。

二月,以杜鴻漸為山西南道、劍南、東西川等道副元帥。鴻漸請以為山西南道節度使張獻誠兼充東川節度使,柏茂琳為邛州刺史,充邛南防禦使;崔旰為茂州刺史,充山西防禦使。二月,張獻誠與旰戰,敗於梓州。八月,鴻漸至蜀,請以節制讓旰,以旰為劍南、西川節度行軍司馬,茂琳為邛南節度使,貞節等為本州刺史,各罷兵。

春,公自雲安縣至夔州居之,求寓於夔之西閣。有為夔府柏都督謝上表。是年終歲居夔州。

大曆二年,丁未。

正月,復分劍南、東西川為二道。六月,杜鴻漸還朝。荊南衛伯玉封陽城

郡王。七月，崔旰為西川節度使，杜濟為東川節度使。

公在夔州西閣，春還居赤甲。三月，遷瀼西。秋，遷東屯。復自東屯歸瀼西。是年終歲居夔。

大曆三年，戊申。

正月，崔寧入朝。五月，楊子琳入成都，寧妾任氏募兵擊走之。十月，以京兆尹李勉為廣州刺史。

正月中旬，公去夔出峽。三月，至江陵。秋發荊南，移居公安，憩此縣者數月。歲暮發公安，之岳州。

大曆四年，己酉。

二月，楊子琳擊王守仙於忠州黃草峽，殺夔州別駕張忠，據其城，以為峽州團練使，以衡州刺史韋之晉為潭州刺史，徙湖南於潭州。

正月，公自岳陽之潭州。秋，欲適漢陽。暮秋，欲歸秦。皆不果，卒留潭，自是率舟居。

大曆五年，庚戌。

四月，湖南兵馬使臧玠殺其團練使崔瓘，楊子琳、裴虬、陽濟各出軍討之，子琳取路而還。

春，公在潭州。夏，避臧玠亂，入衡州，因至耒陽。本傳云：「泝沿湘流，遊衡山，寓居耒陽。啗牛肉白酒，一夕而卒。年五十九。」元微之《誌》云：「扁舟下荊楚，竟以寓卒，旅殯岳陽。」諸譜云：欲還襄陽，道卒，殯於岳陽。皆誤也。年譜終。

辟疆園杜詩注解七言律

序

　　黃山谷有云：子美詩妙處，乃在無意於文。夫無意而意已至，非廣之以《國風》、《雅》、《頌》，深之以《離騷》、《九歌》，安能闖然入其門耶？彼喜穿鑿者，棄其大旨，取其發興於所遇林泉、人物、草木、蟲魚，以為物物皆有所託，如世間商度隱語者，則子美之詩委地矣。旨哉，山谷之論乎！故山谷又云：「余嘗欲隨欣然會意處箋以數語，終汨沒世俗不暇。」則甚矣，注杜之難也！余自幼即喜讀杜詩，遇一切注解俱周復循覽，然無一當意者。錫山顧子修遠顧我於鹽署，出其杜注全本示余。余甫讀竟其五七言律，不覺頤為之解，意為之消，神魂為之震盪，手足為之舞蹈也。曰：自有此詩，未有此注。既有此注，乃益信此詩之無一字無來歷，無一句無安頓，無一首無章法、紀律、起伏、變化。其牽連而為八章、五章、三章者，又無一處無離合照應，反覆波瀾，神明曲折，真使人擬議欲窮，探索都盡，而修遠為之披剝剔抉而出。竊怪讀子美之詩者，自唐而五代，而宋，而元，而明，何遂無一人能細闡其意義，詳疏其段落，博稽其使事之幽奧，確見其寓興之深微？至今及千年，得修遠，而子美之面目始復生，精神始大煥發也。快哉此書！何世人猶未及見，尚夢夢於高氏之《千家》以及黃、蔡、虞、趙之承訛襲陋，遂相與奉為金科玉律而不知所以取裁也？雖山谷所云，亦特其淺淺者，使讀此解，有不爽然若失，更從何處會心而復箋數語乎？余因鳩工，先以五七言律壽之梨。子美復起，應聽然而笑。千古老漁久寂寞於江濱湖畔，滿腔忠愛無由傾倒，至當年有「太瘦生」之譏，後世有「村夫子」之誚。今幸遇修遠一人為知己，自不覺懷抱頓開，曰如斯人者，乃可與細論文矣。

　　順治辛丑清和月，李贊元望石氏書於淮陰舟次。

辟疆園杜詩注解目錄

任採驥天閑

梁溪顧　宸修遠甫著　較

男採天石

七言律卷之一

鄭駙馬宅宴洞中<small>天寶載作</small>

題張氏隱居

城西陂泛舟

贈田九判官梁丘

贈獻納起居田舍人澄

送鄭十八虔貶台州司戶傷其臨老陷賊之故闕為面別情見於詩<small>至德二載作</small>

臘日

奉和賈至舍人早朝大明宮<small>乾元元年作，時官拾遺</small>

宣政殿退朝晚出左掖

紫宸殿退朝口號

曲江二首

曲江對酒

曲江對雨

題省中院壁

曲江陪鄭八丈南史飲

因許八奉寄江寧旻上人

題鄭縣亭子<small>乾元元年作，時赴華州司功</small>

望嶽

至日遣興奉寄北省舊閣老兩院故人二首

早秋苦熱堆案相仍<small>乾元二年作</small>

共計一百五十一首　七言律目錄終

辟疆園杜詩注解七言律卷之一

觀陽李贊元望石甫閱

梁溪顧　宸修遠甫著

同里黃家舒漢臣甫評

鄭駙馬宅宴洞中

《新唐書・公主傳》:「代國公主,睿宗女,名華,字華婉,劉皇后所生。下嫁鄭萬鈞。臨晉公主,玄宗女,皇甫淑妃所生。下嫁京鄭潛曜。」《孝友傳》:「開元中,代國公主寢疾,潛曜侍左右,累三月不靧面。歷太僕光祿卿。」按:鄭駙馬潛曜,廣文博士鄭虔之姪。公於鄭虔交最善,故作《皇甫淑妃神道碑》云:「甫忝鄭莊之賓客,遊竇主之園林。」《通志》:「鄭莊即鄭虔郊居,所云竇主園林即駙馬宅也。」宴,夏宴也。

主家陰洞細煙霧,留客夏簟青琅玕。春酒杯濃琥珀薄,冰漿椀碧瑪瑙寒。誤疑茅堂過江麓,已入風磴霾雲端。自是秦樓壓鄭谷,時聞雜珮聲珊珊。

《長安志》:「蓮花洞在神禾原。」即鄭駙馬之居,所謂「主家陰洞」是也。張禮《遊城南記》:「直樊川之上,倚神禾原,有洞曰蓮花,舊為村人鄭氏之業。遠祖潛曜,尚明皇之女。」

通首俱形容洞中陰寒,而富貴氣象已具。「細煙霧」,洞中幽氣所結,自起霏微,若煙非煙,若霧非霧,故從「細」字形容之。陰洞之深邃窅渺已可想見,當夏宴而無暑氣也。

「留客」二字,一篇之眼。吳張儼《席賦》曰:「席為冬設,簟為夏施。」正下榻留賓之具。琅玕似玉,有五色,青者為勝。此謂簟之色有如琅玕之青也。諸注以琅玕為竹,則非貴主家珍異之物矣。此句中點出「夏」字。

「春酒」、「冰漿」,本尋常之物,以琥珀、瑪瑙相形,則留客珍重可知。乃酒濃,而酒色勝琥珀之色,覺琥珀為薄矣;漿寒,而冰色映瑪瑙而碧,則瑪

瑙亦寒矣。形容貴主家酒漿器皿無不精妙，雖當夏宴，凡物具清涼之氣，他家所不可及也。

三句中，累列三物，明是琅玕簟、琥珀杯、瑪瑙椀，使俗手為之，未免物而不化，此卻以簟字、杯字、椀字藏於琅玕、琥珀、瑪瑙之上，造語極其綺麗而句法各變。

舊注：公誤疑入己之草堂，過江上之山足，不知已入風礴，在雲表陰霾之間矣。據此，是天寶間，公已有草堂也，謬誤至此，不必辨。又云：公《贈鄭虔醉時歌》有「石田茅屋荒蒼苔」之句，公嘗至鄭虔之居，誤疑所過者，尚為舊時江麓之茅屋。據此，是疑潛曜與虔同居，謂潛曜起家寒畯耳，不知潛曜之父萬鈞先為駙馬也。諸注漫不稽考，豈不貽識者譏笑。

「誤疑」二句，極形容其洞之陰也，以貴主之宅而有似野人之居，在一宅之中，而已疑江麓之過不過，謂茅堂至幽，江麓至僻，寫出陰洞之況，真覺暑月中颯颯欲涼，與下「風礴」、「雲端」俱屬空擬，不必實證。

一洞中耳，何故曰「風礴」、曰「雲端」？蓋風礴言其寒，雲端言其高，境愈高寒則愈陰，此亦蒙上「誤疑」來。

劉向《列仙傳》：「蕭史善吹簫，秦繆公以女弄玉妻之。弄玉吹簫，能作鳳鳴，公為作鳳樓。」即秦樓也。《漢書》：「鄭樸，字子真，成帝時人，隱居雲陽縣谷口，名震京師。」按：上言留客之盛，陰洞之幽，既極貴主家器物酒漿，以至山林勝概無不備，茲又以秦樓、鄭谷相形，比公主為秦女，比鄭宅為鄭谷，意謂鄭谷之居非不幽勝，然潔身而隱，其幽反不足異。此則自是秦樓壓之。蓋宅則鄭之宅也，實公主之所居也。壓則似臨以最高之勢，加以至重之物，乃時聞公主珮聲珊珊。既可見公主之樂安於鄭谷，處富貴而倍極幽閒之趣，又可見公主好賢下士，當宴客而珮聲時聞，則駙馬之得從賢者遊，實公主有以相之也。勢似壓而實與鄭谷相忘矣。「珮聲珊珊」，有詩人雜佩以贈之之意。此詩所以高駙馬之品，贊公主之賢，可謂善於形容。

黃漢臣曰：「唐時家法，最為不古。公主下嫁，至今舅姑反拜。如太平、安樂之淫橫，其尤著著也。觀《孝友傳》所載，知潛曜蓋戚里中之最賢者。少陵此詩，兼有勸一諷百意。陳眉公嘗書杜牧之《岐陽公主誌後》，述公主事尤詳。」修遠此解，可謂獨見其大。

題張氏隱居

《舊唐書·李白傳》云：「少與魯中諸生孔巢父、韓準、張叔明、裴政、

陶沔隱於徂徠山，號『竹溪六逸』。」子美《雜述》云：「魯之張叔明、孔巢父，二才士者，面目黧黑，常不得飽飯吃。」意叔明、叔卿止是一人，卿與明有一誤耳。張氏隱居，豈非其人與？或曰：張山人彪也。正不必求其人以實之。

春山無伴獨相求，伐木丁丁山更幽。澗道餘寒歷冰雪，石門斜日到林丘。不貪夜識金銀氣，遠害朝看麋鹿遊。乘興杳然迷出處，對君疑是泛虛舟。

曰「無伴」，言可與偕隱者少也。惟「無伴」，故「獨相求」。「獨相求」而「山更幽」，山中若無人，張氏為真隱矣。

引詩只求友意耳。有止是一身而亦喧者，春山所以畏俗子也。有多添一人而愈靜者，春山所以愛幽人也。梁王籍詩云：「鳥鳴山更幽。」公意正如此。

山夾水曰澗。春山澗道尚寒，故冰雪未融。公則歷冰雪而行也。

黃鶴曰：「石門屬齊州。公開元間與李白、高適共遊齊趙，故在石門也。」愚謂「石門」與「澗道」為對，不必實指其地，只言隱居之處石為門耳。「到林丘」，謂公到隱居之地。石門深窈，斜照猶存，則到林丘時也。其隱居之幽僻有如此。

《史記·天官書》：「大水處，敗軍場，破國之墟，下有積錢。金寶之上皆有氣，不可不察。」《地境圖》：「凡觀金玉寶劍之氣，皆以辛日雨霽之旦及黃昏夜半伺之，黃金之氣赤黃。千萬斤以上，光大如鏡盤。」「不貪」二句正隱居妙境。凡人終日擾攘，役役利欲之場，夜氣益復昏憒，有何所識？惟隱居既久，萬緣盡淡，貪念頓空，靜夜兀坐，雖金銀之氣為之坌湧，正如野馬遊塵，煙雲過眼，霎時滅沒，我無貪心，彼亦空有其氣。此際識透，方是真隱。且人逐逐利名，日與害為隣。既隱居，則遠害矣。遠害亦無他法，但自朝而起，只見麋旁者鹿，鹿旁者麋，犹犹猭猭，飲息於山阿之間。看他與物無害，與世無爭，便是遠害秘訣。兩句須七字一氣讀下。若作上二字下五字句法，便文義梗礙矣。

金聖歎曰：「『不貪』、『遠害』，張氏何以能此，則為下積金銀，上皆有氣，此天官所謂敗軍亡國之墟也；不受罝罦，亦無鼎鑊，此麋鹿得有長林豐草之樂也。夫一利一害，其驗如此，既已識得，既已看破，而尚敢貪、尚敢不遠者，豈人情也哉？」

《世說》：「王徽之曰：『吾本乘興而行。』」《莊子》：「窅然喪其天下焉。」「乘興杳然」本此。二句緊承上說，謂既到此處，便使人回視山外，茫無投足

之地,止有與君相對耳。舊注謂「不以出處介意」〔註1〕,非。

《莊子‧山木》篇:「方舟而濟於河,有虛舟來觸,雖褊心之人不怒。」言張君如虛舟之不繫,公不覺與之俱化也。首曰「無伴」,結曰「對君」,似已得伴矣,乃疑是「泛虛舟」,仍無人也。如此方悟公「獨相求」之意,方悟公求友而「山更幽」之意。起結相應有妙理,可與真隱者道。

李望石曰:「會得『不貪』二句妙義,則杳迷出處,不礙相求。虛舟晤對,依然無伴。尋其首尾,了不可得。此詩彷彿《南華》。」

城西陂泛舟

城西陂,即渼陂,在鄠縣西。以水味美,故配水為名。公《與源少府宴渼陂》詩云:「為愛西陂好。」

青娥皓齒在樓船,橫笛短簫悲遠天。春風自信牙檣動,遲日徐看錦纜牽。魚吹細浪搖歌扇,燕蹴飛花落舞筵。不有小舟能蕩槳,百壺那送酒如泉。

此詩實指泛陂所見也。開元、天寶間,景物盛麗,士女遊觀,歌唱徹天,飛花搖浪,舟中實有是景,不必云是豔曲。至云譏明皇而不敢直言,益陋矣。前三聯皆平敘,自是一格。

「青娥皓齒」,狀美人之態不一。言在樓船者多此類也。「悲遠天」,謂悲涼之聲散入長空也,亦狀簫管之多,聲徹霄漢。

「牙檣」、「錦纜」,極言樓船之壯麗。自信其動,徐看其牽,意在泛陂而不在行舟也,聽其中流自在而已。

歌扇為細浪所搖,狀歌者之態輕盈欲絕。惟牙檣自動,錦纜徐牽,故魚不驚而吹浪,燕不駭而飛花。雖魚、燕借言,亦見泛舟者能從容領略西陂之勝。小舟送酒,又點綴樂遊之景。

黃漢臣曰:「遊覽詩不難在富麗,難在閒宕。『春風』二句是也。寫景詩不難在精巧,難在細雅。『魚吹』二句是也。熟讀老杜此等詩,省後人多少鏤刻。」

贈田九判官梁丘

崆峒使節上青霄,河隴降王欵聖朝。宛馬總肥春苜蓿,將軍只數漢嫖姚。陳留阮瑀誰爭長,京兆田郎早見招。麾下賴君才併入,獨能無意向漁樵。

〔註1〕王洙注。

「崆峒」，隴右山名。按史，天寶六載，哥舒翰充隴右節度使。諸注俱云是時入朝見天子，故曰「上青霄」。全無考據。黃鶴曰：「天寶十四載，翰為隴右節度，又兼河西節度。是年曾入朝。公詩即是年贈梁丘者。」亦誤。考《紀事本末》，十四載十一月，祿山反，陷河北諸郡。十二月，哥舒翰病廢在家，上藉其威名，且素與祿山不協，乃召見，拜兵馬副元帥，將兵八萬，以討祿山。翰以疾固辭，上不許，以田良丘為御史中丞，充行軍司馬，軍於潼關。翰病，不能治事，悉以軍政委田良丘。據此，則翰乃召見，非自入朝也。此時良丘已加御史中丞，非判官也。若公詩作於是時，方當倉皇召見，不應贊翰之威武從容如此。

「欵」，納欵也。蔡夢弼曰：「言翰總領吐蕃部曲來降，舉地納欵，以朝見天子也。」愚考吐蕃未聞有納欵朝見事。按史，十二載，楊國忠欲厚結翰，奏翰兼河西節度使。八月，賜翰西平郡王。十三載，吐谷渾蘇毗王欵塞，詔翰至磨環川應接之。「降王欵聖朝」，應指此事言。是時翰報命天子，必入朝，故云「上青霄」也。是年翰已兼河隴，田尚為判官，判官隨翰而朝也。公此詩應是十三載所贈。但史云良丘，詩云梁丘，未知孰是。

大宛國人嗜蒲桃，馬嗜苜蓿。漢霍去病為嫖姚校尉。薛益曰：「大宛國之馬，諸將俱有之。『總肥』者，謂天寶沿邊置十節度使，各鎮兵四十九，馬八萬餘匹，其馬無不肥。然邊將盛名無踰翰者，故獨以霍將軍比之。『總』字正喚起『只』字。」此解亦是。愚按史，天寶十三載春，安祿山求兼領閑廄羣牧。庚申，以祿山為閑廄隴右羣牧等使。祿山又求總監。壬戌，兼知總監事。祿山奏以御史中丞吉溫為武部侍郎，充閑廄副使。又密遣親信選健馬堪戰者數千匹別飼之。其蓄牧蕃息如此。然則「宛馬總肥春苜蓿」非歸美哥舒，亦非泛言諸鎮，蓋專指祿山耳。玄宗末年，邊將功名最著者，祿山、哥舒翰、王忠嗣三人。李、郭名位尚卑，迥非其匹。忠嗣既以讒廢，與祿山頡頏者，哥舒而已。祿山包藏禍心。公冀哥舒或能制之，故因贈良丘而隱語託諷，分別忠逆。曰「總肥」，曰「只數」，深有尾大不掉之憂，孤立無助之懼。漁陽鼙鼓，蜀道淋鈴，公蓋不待《哀江頭》、《哀王孫》之日而後知也。

或疑翰潼關一戰，喪師失地，其才豈足以當一面，公何以五言排律投贈推崇？此復殷勤屬望乃爾。然觀翰固守潼關，不輕出戰，賊勢躬蹙，已幾敗亡。當崔乾祐羸兵誘戰時，上奏玄宗曰：「祿山久習用兵，今始為逆，豈肯無備？是必羸師以誘我。若往，正墮計中。況賊殘虐失眾，兵勢日蹙，將有內變。因

而乘之，可一戰擒也。」與子儀、光弼請引兵北取范陽，覆其巢穴，潼關大兵惟應固守之議正相脗合。少陵他日「司徒竟為破幽燕」，亦即此策也。惜國忠懼禍，玄宗信讒，遣使趣戰，項背相望，翰不得已，撫膺慟哭而出，已預知必敗矣。乃翰雖敗，而慶緒推刃，釁起骨肉，內變之說，竟如左券，則翰非不知兵與不能料敵者，公安得不殷勤屬望乎？特以驅使失宜，因致失律輿尸。假使固守之策得行，張、許、李、郭相為犄角，賊腹背受敵，何難即日翦滅？即周亞夫堅壁以破吳楚，亦不過是，安在非漢之嫖姚也？此詩贈於潼關未潰之先，已預為翰曲原矣。吾獨憾其既降祿山，至有「肉眼不識聖人」等語，此則子美所不及料也。

《典論‧論文》曰：「今之文人，魯國公孔文舉、山陽王仲宣、陳留阮元瑜。」公以元瑜比田九，謂在哥舒幕下，無敢與爭長者。《三輔決錄》：「漢田鳳，字秀宗。為郎，容儀端正。入奏事，靈帝目送之，曰：『堂堂乎，京兆田郎也！』」此以田鳳比田九。「早見招」，謂翰知人能得士也。

翰旌麾之下，無才不收，如蔡希魯、高適，其著者也。賴田九能不忌才，得以併入，故公亦望其薦己也。此時公已獻賦，止「送隸有司，參列選序」，故以樵漁自況，冀田汲引併入，亦屬無聊之思。

黃漢臣曰：「『麾下賴君才併入，獨能無意向漁樵』，公方獻賦待用，何至低眉自薦，但使公得幕中借箸，必有如竟破幽燕、制賊死命者，所謂『濟時敢愛死』耳，豈甘心藩幕哉！」

贈獻納起居田舍人澄

封演《聞見記》曰：「則天垂拱元年初，置匭使。東曰延恩匭，懷才抱器、希於聞達者投之。南曰招諫匭，匡政補過，裨於政理者投之。西曰申冤匭、懷冤受屈、無辜受刑者投之。北曰通玄匭，進獻賦頌、涉於玄象者投之。置匭使一人、判官一人、諫議大夫或拾遺補闕充其使，玄宗改為獻納使。」《唐志》：「起居郎二人，從七品。其後復置起居舍人，分侍左右秉筆，隨丞相上殿，掌起居注，錄天子言動，以修記事之史，未嘗知匭事。」考中書省亦有起居舍人二員，司左省，掌修記言之史，錄天子制誥德音。是時中書舍人掌百司奏議，文武考課皆預裁焉，故亦得司獻納。田蓋以中書舍人知軌事也。

獻納司存雨露邊，地分清切任才賢。舍人退食收封事，宮女開函近御筵。曉漏追趨青瑣闥，晴牕點檢白雲篇。揚雄更有河東賦，唯待吹噓

送上天。

司既在雨露邊，則其所分之地清且切矣。田為禁近之司，正以其才賢而任之。

漢儀：密奏皂囊封版，故曰封事。唐儀：便殿奏事，有宮女開匭函，以所投封事奏御。此二句明以舍人兼收封事，收屬舍人，開屬宮女，正見其在雨露邊，而地分禁切有如此。

洪邁《隨筆》曰：「白樂天《渭村退居寄錢翰林》詩敘翰苑之親近云：『曉從朝興慶，暮陪宴栢梁。分庭皆命婦，對院即儲皇。貴主冠浮動，親王轡鬧裝。金鈿相照耀，朱紫間熒煌。毬簇桃花騎，歌巡竹葉觴。窪銀中貴帶，昂黛內人粧。賜禊東城下，頒酺曲水傍。樽罍分聖酒，妓樂借仙倡。』蓋唐世宮禁與外庭不相隔絕，故杜子美詩『戶外昭容紫袖垂，雙瞻御座引朝儀』，又云『舍人退食收封事，宮女開函近御筵』。而學士獨稱內相，至與命婦分庭，見貴主冠服，內人黛粧，假仙倡以佐酒，他司無比也。中書稱內翰，當亦似之。」

「青瑣闥」，中書省門也。以青畫戶邊，鏤中為青瑣文。「白雲篇」，山林之士，草茅之言，即賦頌之屬也。因有通玄匭進獻賦頌，故布衣韋素俱可進言，舍人得點檢而上進也。郎士元有「陶令好文常對酒，相招一和白雲篇」之句，則白雲篇信布素之詞，觀下《河東賦》益信。

「曉趨青瑣闥」，舍人之職也。「點檢白雲篇」，獻納使之職也。此聯又明言起居兼獻納，正見其才賢，無所不可。

漢揚雄，字子雲。成帝時待詔承明，從祭后土於汾陰，涉西嶽幸甘泉。上自西嶽還，雄上《河東賦》。公是時欲進《勸封西嶽文》也。公既獻三賦，投延恩匭，又欲奏《封西嶽賦》，故云「更有河東賦」。

黃鶴曰：「或謂天寶九載已封華嶽，不應公十三載又進賦。按史，九載正月庚戌，群臣請封西嶽，從之。三月辛亥，西嶽廟災。時久旱，制停封西嶽。宜公十三載又奏賦以請。未幾兵戈四起，卒不果行。」

《魏志》：「鄭渾曰：『孔子緒能清談高論，噓枯吹生。』」公有望於田之吹噓，使此賦即達於天聽也。曰「更有河東賦」，便見前所獻三賦已為宰臣所阻抑，雖見賞於明皇，而天高在上，無路可以達情，庶幾在雨露邊者可代為一吹噓也。

李望石曰：「『晴窗點檢』，公已囑其留意矣。平時不點檢，安望其臨奏而

吹噓乎？惟於晴窗無事時先為檢點而出，庶幾達德甚便，此際再一吹噓，斷不至如前三賦之掩抑矣。公於田舍人惓惓厚望如此。」

送鄭十八虔貶台州司戶傷其臨老陷賊之故闕為面別情見於詩

《新唐書》：「鄭虔遷著作郎。祿山反，劫百官，置東都，偽授水部郎中。因稱風緩，求攝市令。潛從密章達靈武。賊平，與王維並囚宜陽里。維與虔皆善畫。崔圓使繪齋壁，虔即祈解於圓，卒免死，貶台州司戶參軍。」

鄭公樗散鬢如絲，酒後嘗稱老畫師。萬里傷心嚴譴日，百年垂死中興時。倉皇已就長途往，邂逅無端出餞遲。便與先生應永訣，九重泉路盡交期。

「樗」，不才之木。「鬢如絲」，所云「臨老」也。鄭虔善書。善畫能詩，自寫其詩並畫，以獻玄宗，大書其尾，曰鄭虔三絕。虔之受知，原以善畫，玄宗非深知虔才者。「酒後嘗稱老畫師」，憤極悲極。老畫師豈足自命？世無知者，姑以是自稱而已。曰「酒後」，尤見慷慨真性。不如此，不能自遂其樗散。

虔本在在處死之列，以祈解得貶。是今日之譴，嚴譴也；虔之身，垂死之身也。「萬里」，言其貶之遠。萬里之別可傷，嚴譴更可傷也。人生百年，孰能無死？死亦安足惜。獨惜其垂死於中興之時耳。

惟「嚴譴」，故「倉皇」。「邂逅」，言相逢也。公尚可與虔相逢，而出餞之遲，出於無端，公所以闕然於面別也。

出餞既遲，闕然面別，長途遙遠，追敘為難。且虔之歸期又未可卜，便與先生應永訣矣。公有《懷台州司戶》詩，曰：「鄭公縱得歸，老病不識路。性命由他人，歲月誰與度。從來禦魑魅，多為才名誤。」已知此行決不返矣。後果卒於台州。

因闕然面別，交情不得盡，故欲於九重泉路盡之。公與鄭虔、李白真生死至交。如《夢李白》云：「死別猶吞聲，生別常惻惻。恐非平生魂，路遠不可測」，則竟疑其死矣。於虔亦曰「永訣」，曰「九重泉路」。二公未死而先慮其死，既恐其死而不難以身與之俱死，真可盡交期於九泉下矣。

按：供奉之從永王璘，司戶之污祿山偽命，皆文人敗名事。使在碌碌自好，悻悻小丈夫處此，割席絕交，不知作幾許雨雲反覆矣。少陵當二公貶謫時，深悲極痛，至欲與同生死而不可得，蓋古人不以成敗論人，不以急難負友，其交誼真可泣鬼神。李陵降虜，子長上前申辨，至受蠶室之辱而不悔。《與任少

卿書》猶刺刺為分疏，亦與少陵同一肝膽。人知龍門之史、拾遺之詩千秋獨步，不知皆從至性絕人處激昂慷慨、悲憤淋漓而出也。柳子厚與王叔文交，不過恃才躁進，朋黨唱和，其罪遠出李陵輩下。且叔文頗負才略，志在王室，以得罪宦官藩鎮而敗，非李訓、鄭注比也。退之於子厚，號文字交，且稱當代山斗，生前不為推挽洗雪，死後誌墓反訟言少年不自貴重，絕無片語推原暴白，但藉以柳易播事輕輕點綴，聊為解嘲。捨其大而論其小，何居？蓋一則韓柳齊名，中存忮媢；一則不欲為黨人分謗，得罪時貴耳。其視少陵何相去懸絕乎！嗟乎！世有負心賣友、秉危下石者，讀少陵此詩，能無慚汗人地哉？

臘日

臘日長年暖尚遙，今年臘月凍全消。侵陵雪色還萱草，漏泄春光有柳條。縱酒欲謀良夜醉，還家初散紫宸朝。口脂面藥隨恩澤，翠管銀罌下九霄。

此公到京隨朝，喜同恩賜而作也。唐以大寒後辰日為臘，其日宜暖，故喜賦之。元日至人日未有不陰時，占亂象而憂也。今年臘日凍全消，占治象而喜也。

「萱草」，乃忘憂草，今俗云萬年韭。初苗土時，往往不畏霜雪，故雪色無物不侵陵，而萱草不畏雪，仍還其為萱草。春光無處不漏泄，而柳條先得春，故可見者有柳條。

師古曰：「建丑之日為臘祭，因會飲。若今之蠟節也。」據此，則此日自宜醉酒。又當紫宸初散，恩賜欣沾，益不禁縱酒也。

《唐志》：「臘日宣賜口脂面藥，翠管銀罌所以盛之也。」

先言謀飲，後言散朝，欣慶之懷，急在未散之先。若先用「口脂」二句作聯，朝散、縱酒作結，便板實無餘味矣。杜詩章法之妙全在此等處。

奉和賈至舍人早朝大明宮

《雍錄》：「唐都城有三大內。太極宮在西，故名西內。大明宮在東，故名東內。別有慶宮，號南內。二內更迭受朝，大明視朝最數。」

五夜漏聲催曉箭，九重春色醉仙桃。旌旗日暖龍蛇動，宮殿風微燕雀高。朝罷香煙攜滿袖，詩成珠玉在揮毫。欲知世掌絲綸美，池上於今有鳳毛。

前四句早朝大明宮，後四句美賈至舍人也。

衛宏《漢書儀》:「五夜者,甲乙丙丁戊夜也。」《湘素雜記》:「《梁本記》:『帝燃燭測光,常在戊夜。』杜詩『五夜漏聲』,正謂戊夜耳。」殷夔《刻漏法》曰:「鑄金為司晨,具衣冠,以左手把箭,右手持刻,以別天時早晚。」

諸注皆以仙桃為西王母與漢武帝五桃故事,謂天子御九重之上,其容顏如春色醉桃。此陋說也。按:天子之門九重,此言昧爽之初,天子視朝,而禁內春色爛熳,其桃盛開,若含醉也。禁內之桃,故曰仙桃。唐時殿廷皆植花柳,此其證也。

《周禮》:「析羽為旌,交龍為旂。熊虎為旗,龍蛇為旐。」按:龍蛇至春煖則起蟄。旌旗所畫之龍蛇為寒氣所凝,亦閉結而不動。今當春暖,旌旗飛,而龍蛇亦若起蟄者然。此公有意造奇語也。

以旌旗所畫之龍蛇對真燕雀,已極變化,而「動」字、「高」字俱含生氣。「風微」字,則以燕雀因風微得高飛至殿屋也。殿屋最高,風稍壯,不免搶地矣。且大廈成而燕雀賀,又本成語。

賈至詩:「衣冠身惹御爐香。」即香煙滿袖也。謂其居舍人之職,乃近侍之地,故香煙可攜。揮毫而珠玉成,言至才敏詩工。

公自注:「舍人先世嘗掌絲綸。」按:賈曾,景雲中特拜中書舍人,開元中復拜中書舍人。子至,天寶末為中書舍人。肅宗即位,上皇遣至為傳位冊文,歎曰:「先帝遜位於朕,冊文則卿之父所為。朕以大寶付儲,卿又當演誥。累朝盛典,出卿父子之手,可謂難矣。」至伏御前,嗚咽流涕。「池」,鳳凰池也。《槎菴小乘》曰:「今人稱佳子弟為鳳毛,以為始於謝超宗。因超宗父名鳳,故稱曰鳳毛。不知王邵風姿,似其父導,恒大司馬曰:『大奴固自有鳳毛。』其事已在超宗前。」題是早朝,後四句卻歸美賈舍人,正公善終於屬和處。因賈詩有「鳳池」二字,公遂云「池上於今有鳳毛」。蓋世掌絲綸,惟賈氏為然。賈之鳳池不過泛言鳳凰池,而公之屬和,遂鑒定賈氏父子不可移易,以和他人,公詩所以獨步也。

　　早朝大明宮呈兩省僚友　賈至

　　銀燭朝天紫陌長,禁城春色曉蒼蒼。千條弱柳垂青瑣,百囀流鶯繞建章。劍珮聲隨玉墀步,衣冠身惹御爐香。共沐恩波鳳池裏,朝朝染翰侍君王。

　　和　王維

　　絳幘雞人報曉籌,尚衣方進翠雲裘。九天閶闔開宮殿,萬國衣

冠拜冕旒。日色纔臨仙掌動，香煙欲傍袞龍浮。朝罷須裁五色詔，
珮聲歸到鳳池頭。

　　和　岑參

　　雞鳴紫陌曙光寒，鶯囀皇州春色闌。金闕曉鐘開萬戶，玉階仙
仗擁千官。花迎劍佩星初落，柳拂旌旗露未乾。獨有鳳凰池上客，
陽春一曲和皆難。

黃維章曰：「此詩合賈至、王維、岑參互看，方知老杜做法之高、匠心之
苦。題是早朝，開口同拈早意，賈則『銀燭朝天紫陌長』，王則『絳幘雞人報
曉籌』，岑則『雞鳴紫陌曙光寒』說早字；杜曰『五夜漏聲催曉箭』，從夜言早，
先一步說。『催』字尤寫出臣子夜坐待旦心事。次句同拈春色，賈則『禁城春
色曉蒼蒼』，岑則『鶯囀皇州春色闌』，俱板填色字；杜曰『九重春色醉仙桃』，
謂日將升而東方紅氣現也，描寫色中之況，深一層說。聯內同拈大明宮意，王
則『九天閶闔開宮殿』，岑則『金鎖曉鐘開萬戶』，俱實說宮中；杜曰『宮殿風
微燕雀高』，以宮外之景物擴一步說；賈之『百囀流鶯遶建章』，亦屬宮外景
物，然語直而味有盡，不如『微高』二字之曲折。聯內同拈朝意，賈則『劍珮
聲隨玉墀步』，王則『萬國衣冠拜冕旒』，岑則『玉階仙仗擁千官』，俱實寫朝
字；杜但以『朝罷』二字點綴，人詳我略。至於同用爐煙香氣，賈則『衣冠身
惹御爐香』，王則『香煙欲傍袞龍浮』，俱正說殿內煙況；杜曰『朝罷香煙攜滿
袖』，從出殿退一步說，衣冠、袞龍不如滿袖之奇，為惹、為浮不如攜歸之奇
也。同用鳳池故事，賈則『共沐恩波鳳池裏』，王則『珮聲歸到鳳池頭』，岑則
『獨有鳳凰池上客』，俱係實用全用；杜曰『池上於今有鳳毛』，以鳳池入超宗
之鳳毛，析用翻用，無復用事之跡。同用日動，同用旌旗，而王之『日色纔臨
仙掌動』，岑之『柳拂旌旗露未乾』，視杜『旌旗日暖龍蛇動』句，奇平淺深，
判然相隔矣。賈、王、岑三首意與句皆順流而下，雖三首皆佳，未免雷同。惟
杜變幻之極，苦心妙法，不得草草看過。」

宣政殿退朝晚出左掖

　　按：倉元殿之後有宣政殿，謂之正衙，朔望御之，即古之內朝也。左有東
上閣門，門下省在焉；右有廣西上閣門，中書省在焉。公時為左拾遺，隸門下
省，故「出左掖」。《呂后記》注：「非正門而在兩傍，若人之臂掖。」

　　天門日射黃金牓，春殿晴曛赤羽旗。宮草霏霏承委佩，爐煙細駐游

絲。雲近蓬萊常五色，雪殘鴉鵲亦多時。侍臣緩步歸青瑣，退食從容出每遲。

前六句皆寫宣政殿所見，末二句言退朝歸省也。

「黃金牓」，大書宣政殿名，以金塗字也，日射之則益黃。「赤羽旗」，旗畫赤羽，所謂前朱雀也，晴曛之則更赤。《曲禮》：「主佩垂，則臣佩委。」佩委於地，而宮草承之也。爐煙細細，斷而復續，如蛛絲之遊散者然，總見天日晴明，煙塵不動之象。

《天官書》：「若煙非煙，若雲非雲，鬱鬱紛紛，蕭索輪囷，是謂慶雲。」慶雲五色，以其在日之傍，故曰「近蓬萊」。「鴉鵲」，觀名，在漢甘泉苑，藉以比當時之禁掖也。日曛，雪亦久殘矣。

「緩步」、「從容」，說明題中「晚出」二字。

紫宸殿退朝口號

《雍錄》：「含元之北為宣政，宣政之北為紫宸。」《石林燕語》曰：「唐制以宣政為前殿，謂之正衙，即古之內朝也；以紫宸為便殿，謂之上閣，即古之燕朝也。明皇意欲避正殿，御紫宸殿，喚仗入閣門，遂有入閣之名。」《說文》曰：「號，呼也。」「口號」，言隨口所號吟也。

戶外昭容紫袖垂，雙瞻御坐引朝儀。香飄合殿春風轉，花覆千官淑景移。晝漏希聞高閣報，天顏有喜近臣知。宮中每出歸東省，會送夔龍集鳳池。

唐制：女官昭容，正二品，係九嬪。《開元禮疏》曰：「晉康獻褚后臨朝不坐，則宮人傳百僚，周隋相沿，國家因之不改。昭宗天祐詔曰：宮嬪女職，本備內任。今後每遇延英坐日，只令小黃門祗候引從。宮人不得出內，自此始罷。」按：「紫袖垂」為傴僂，「雙瞻御坐」為內向，「引朝儀」為卻行，寫昭容導駕之制甚詳。

香受風飄則易散。殿深，風不得遽出，故香氣隨風，只在合殿中環轉。「爐煙細細駐游絲」善寫無風之妙，此善寫有風之妙。

唐時殿廷皆植花柳，千官分班於花柳間。何花覆何班，各有定例，無可互移。遇淑日好景，日影照於花間，花影零亂，朝班若為之移，故曰「花覆千官淑景移」。或曰：侍朝漸久，故日影移也。

曰「晝漏」，則宜退朝矣。乃內廷深沉，晝漏時刻必待外廷高閣之教而始

知，故曰「希聞」。公《晚出左掖》詩：「畫刻傳呼淺」，謂傳呼在畫，不若夜之遠也。謂之刻者，由銅漏刻之於籤也。按：古漏刻，畫有朝、禺、中、晡、夕，夜有甲、乙、丙、丁、戊。至梁天監六年，始以百刻布之為十二時辰。

千官無不仰瞻天顏，惟班之近者得窺其喜色，故有喜惟近臣知之。應是近臣退朝後，述與人言如此。

《雍錄》：「政事堂在東省，屬門下省。至中宗時，裴炎以中書令執政事筆，故徙政事堂於中書省。」則堂在右省也。杜甫為左拾遺，其時所謂鳳池者，中書省也。自宮中退朝而出，則歸東省，是拾遺之本省也。會送夔龍於鳳池，就政事堂見宰相也。諸注云：三省官僚，中書為尊，故退朝歸省，群僚同送宰相至中書省而後散。似屬臆解。

「夔龍」，指宰相言。晉荀勗罷中書監，曰：「奪我鳳凰池。」晉人以中書凝邃比天上鳳凰池也。

曲江二首

康駢《劇談錄》：「曲江池，本秦隑州。開元中疏鑿，遂為勝境。其南有紫雲樓、芙蓉苑，其西有杏園、慈恩寺。花卉環周，煙水明媚。都人遊玩，盛於中和、上巳之節。」

一片花飛減卻春，風飄萬點正愁人。且看欲盡花經眼，莫厭傷多酒入唇。江上小堂巢翡翠，花邊高冢臥麒麟。細推物理須行樂，何用浮名絆此身。

此言曲江舊時風景佳麗，祿山亂後，無復向時之勝，是以有傷春暮，謂宜及時行樂也。

一片已減春色，何況「萬點」，何況「欲盡」！最愁人者，此花之飛，從一片而至萬點，且至欲盡，無不歷歷經眼，此所以酒多不厭傷也。四句一氣說下，律體之近縱者。

翡，赤羽。翠，青羽，即翠鳥也。《西京雜記》：「五柞宮西有青梧觀，梧樹下有石麒麟二枚，各刊其脅為文字，是秦始皇驪山墓上物也。」翡翠本水鳥，無巢堂之事，乃江上小堂盡荒涼頹敗，翡翠竟視為棲息之所。冢前有石麒麟者，必至貴之家，乃墓荒不守，任其傾倒偃臥。江上、苑邊，皆昔日飲酒看花之地。一旦淒涼至此，安得不愁人？又安得不借酒以銷愁也？

末聯總承上六句。花飛須飲以行樂，此一時之物理也。堂荒冢廢，益當飲

以行樂，此身前身後之物理也。人為浮名所絆，謂行樂必致敗名，往往拘束
而不敢為。其實細推之，花飛曾幾何時，春不足恃也。身所棲之小堂，飛鳥
來巢居，身者不足恃也。身所埋之故地，麒麟亦臥，身後亦不足恃也。何況區
區浮名，又安可恃哉！公從細推中恍然大悟，信浮名之真無用，亦惟飲酒行樂
而已。

朝回日日典春衣，每日江頭盡醉歸。酒債尋常行處有，人生七十古
來稀。穿花蛺蝶深深見，點水蜻蜓欵欵飛。傳語風光共流轉，暫時相賞
莫相違。

朝回便典衣，官之貧也。況所典者即現服之春衣，衣之貧也。「日日典」，
是無日不貧。所典之衣似可償酒債矣，而尋常行處，酒債仍有，是典衣而仍貧
也。凡此者皆以盡醉之故，而醉之不可不盡，正以人生七十者稀，故不可不及
時行樂耳。四句亦一氣說下。

孔融詩：「還家酒債多，門客粲成行。」應劭曰：「八尺曰尋，倍尋曰常。」
故以對「七十」。「人生七十古來稀」，本現成語，公詩凡俚言俗語，皆可供雅
料也。

《韻略》曰：「欵，徐也。」「欵欵」，緩飛貌。「點水」，乃生子也。葉夢
得《詩話》曰：「『穿花蛺蝶深深見，點水蜻蜓欵欵飛』，『深深』字若無『穿』
字，『欵欵』字若無『點』字，皆無以見其精微，然讀之渾然，全似未嘗用力，
所以不礙其氣格超勝。使晚唐諸子為之，便當入『魚躍練波拋玉尺，鶯穿絲柳
絮金梭』體矣。」

「深深」、「欵欵」，物之戀春如此，可以人而不如物乎？故傳語風光，欲
其共相流轉，毋使即去。其相賞之時特暫時耳，莫相違而不相賞也。

曲江對酒

苑外江頭坐不歸，水精宮殿轉霏微。桃花細逐楊花落，黃鳥時兼白
鳥飛。縱飲久判人共棄，懶朝真與世相違。吏情更覺滄洲遠，老大徒悲
未拂衣。

「苑外」，芙蓉苑之外也。曲江在苑北。《魏志》：「大秦國城中有五宮，宮
皆以水晶為柱。」

按：此篇俱是對酒，公之久坐不歸，正以對酒之故。故苑外之宮殿，本如
水晶相映徹。而公久坐於此，酒意漸迷，望之若縹緲霏微也。

白鳥，鷗鷺之類。細落、兼飛，尋常忽略之景，因久坐而見桃花之細落，又見其逐楊花而落；見黃鳥之時飛，又見其兼白鳥而飛。雖即景所賦，然此二語中大有霏微莫辨之意。

縱飲便懶朝，懶朝故縱飲。公已自知近侍之難浪蹤矣。人共棄，世相違，一肚皮不合時宜，惟付之酒而已。

「滄洲」，洲名，仙隱所居。《後漢・楊彪傳》：「曹操收彪下獄，孔融聞之，欲拂衣而去。」吏情乃為吏之情，滄洲乃仙隱之地，兩者固相遠也。以今日牽於薄宦，更覺滄洲遠不可即。若此者，以未能拂衣而去也。至云「老大徒悲」，公自悲，還自嘲矣。

黃漢臣曰：「此與前《曲江二首》，流便真率，已為《長慶集》開一法門，但氣和神遠，一句之中意味深長，一首之中層折回映，視元白、與竇媼作緣，務取平易者，相去天淵耳。」

曲江對雨

城上春雲覆苑牆，江亭晚色靜年芳。林花著雨胭脂濕，水荇牽風翠帶長。龍武新軍深駐輦，芙蓉別殿謾焚香。何時詔此金錢會，暫醉佳人錦瑟旁。

此篇俱是對雨。春雲下垂，至於覆牆，雲厚雨必盛。春時芳菲相闘，本不欲靜，江亭將雨之晚色有以靜之。此是雨前景。

林花著雨，紅色慾落，此實言雨也，水荇相連而生，故曰翠帶。牽風愈翠，知為雨中之風。

《唐書・兵志》：「高宗龍朔二年，置左右羽林軍，玄宗改為左右龍武軍。肅宗至德二載，置左右神武軍，賜名天騎，所謂新軍也。」《漢書注》：「駕人以行曰輦。」《唐書・地理志》：「興慶宮在皇城東南，謂之南內。築夾城，入芙蓉園。」按：芙蓉園與曲江相接，駕常遊幸其中。芙蓉有殿，而曲江亦有殿，故曰「別殿」。按：曰「新軍」，則非玄宗之軍矣。輦出遊，則軍從行。「深駐輦」者，在深宮之中，駐輦而不出也。別殿焚香以待，而駕未出遊幸，故曰「漫焚香」，謂空焚香以望幸也。此賦雨色之阻，亦亂後景象凄涼有如此。

《舊唐書》：「開元元年九月，宴王公百僚與承天門，令左右於樓下撒金錢，許中書以上五品官及諸司三品以上官爭拾之。」《劇談錄》：「開元中，上巳賜宴臣僚，會於曲江山亭，恩賜教坊聲樂，池中備彩舟數隻，惟宰相、三

使、北省官與翰林學士登焉。」「錦瑟」，猶寶瑟瑤瑟之謂。「佳人」，即教坊樂。葛立方《韻語陽秋》曰：「楊惲云：『家本秦也，能為秦聲。婦趙女也，雅善鼓瑟。』韓愈曰：『已令孺人戞鳴瑟，更遣稚子傳清盃。』杜甫云：『何時詔此金錢會，暫醉佳人錦瑟傍。』是瑟皆作於婦女之手，用於酒酣之時。」

按：曲江金錢會，開元為最盛。肅宗即位靈武，雖幸恢京，得再都長安，然開元盛事已不可問矣。公正傷肅宗不能復為曲江之遊，思昔日賜金錢、賜女樂，遂成不再見之往事，故曰「何時詔此金錢會，暫醉佳人錦瑟傍」也。

嚴顥亭曰：「通篇流連曲江之景，感慨侍臣之榮，其殆不忍去其君乎？是時京師新復，庶事草草，故託言對雨而傷之。」

題省中院壁

省，門下省也。

掖垣竹埤梧十尋，洞門對霤一作「雪」。嘗陰陰。落花游絲白日靜，鳴鳩乳鷰青春深。腐儒衰晚謬通籍，退食遲回違寸心。袞職曾無一字補，許身愧比雙南金。

錢牧齋曰：「注家強釋文義，如『掖垣竹埤梧十尋』，解曰垣之竹、埤之梧長皆十尋，有是句法乎？」愚按：垣，牆也。埤，增也。竹埤，謂掖垣之上，以竹槍累為儲胥，若城上之睥睨也。即以公兩詩為證。如《春宿左省》云「花隱掖垣幕，啾啾棲鳥過」，《送賈閣老》云「西掖梧桐樹，空留一院陰」，則知千尋止言梧，非言竹矣。

師古曰：「洞門，謂門門相對也。」杜定功曰：「『對雪』當作『對霤』。」左思《吳都賦》：「玉堂對霤，石室相距。」既覆梧陰，又門門對霤，宜其常陰陰矣。

公自言在省中無所事事，見落花游絲，則白日欲靜；觀鳴鳩乳鷰，知青春漸深。鳴鳩拂羽為仲春，鷰來乳子為暮春，故漸深也。張綖曰：「『白日靜』，慨素食也。『青青深』，惜時邁也。故下緊接云『謬通籍』、『違寸心』。」

孟康曰：「通籍，謂禁門下之中皆有名籍，不禁出入也。」公年四十六，始拜拾遺，故云「衰晚」。《詩》：「退食自公。」公遲回而不忍退，必有所欲奏於上，正恐奏亦無益，徒於寸心相違耳，故又接云「袞職曾無一字補」。

《詩》：「袞職有闕，維仲山甫補之。」《古詩》：「美人贈我綠綺琴，何以報之雙南金。」《禹貢》：「荊揚厥貢惟金。」則南金最重。「雙」，言其多也。

公平日以稷、契自許，許身不敢自輕，今職為諫官，曾無一字之補，寧不自愧南金乎？

通首說得省中甚陰，雖當白日而極靜，惟慨青春之漸深，已寓一無所事事意。況自處腐儒，又年當衰晚，益無所事事矣。有言亦不能達，有奏亦不能聽，鹿鹿退食，返之此心，不大相違背乎？公自歎居可為之地，有可為之職，宜如何受知於君，乃寫出一片閒況，雖在諫省，若與君漫不相關切者然，能不自愧於心乎？故曰「袞職曾無一字補，許身愧比雙南金」。袞非無籍於補也，而一字之補亦無；身非不重自許也，而南金之比實愧。可見當時公之在省，雖欲稍展而不能，直寄焉而已。公豈真自居於腐，自處於衰，不敢懟君，聊以自解？總不能忍自賤其身以尸位素飡，貽羞君父耳。

曲江陪鄭八丈南史飲

雀啄江頭黃柳花，鵁鶄鸂鶒滿晴沙。自知白髮非春事，且盡芳樽戀物華。近侍即今難浪跡，此身那得更無家。丈人才力猶強健，豈傍青門學種瓜。

柳始生嫩蕊，其色黃，故曰「黃柳」。未葉而先花，故雀啄之。《通鑑》：「玄宗初年，遣宦者詣江南，取鵁鶄、鸂鶒等，置苑中。」鵁鶄似鳧，高腳高冠。鸂鶒，毛五色。皆水鳥也。起二句敘曲江之景。

「非春事」，言非與春事。歐陽公詩所謂「青春固非老者事」是也。即指花鳥言。「且盡芳樽」者，因戀物華故也。二句述陪飲意。

「近侍」，謂為拾遺。即今難浪跡於朝間，自知罷斥在即矣。公還鄜省妻子，《述懷》、《北征》諸詩，無家之感，言之甚悉甚悲。今既不堪浪跡，勢必更至無家，此亦自憫自計之詞。回首離家陷賊，「麻鞋見天子」，始得一官。今忝列朝班，喘息甫定，貶謫之苦，雖定知不免，然猶戀戀不忍決去者，恐既不能謀身，勢必更無家也。其實戀君之情迫切使然，反以身家二字轉展，圖維具見情真語摯。

「才力猶強健」正反照「白髮」字，言我今已白髮，尚依依於近侍，況丈人既具才力，又當強健時乎！自謀謀人，無非不忍去君之情。

《三輔黃圖》：「長安霸城門，其色輕，故曰青門。秦東陵侯邵平隱居於此，種瓜五色。」種瓜青門，正恝然於君自謀身家之事。公謂南史方當強健，宜竭其才力以事君，又非余白髮之比，則身家之事宜置度外也。但以種瓜為高

隱，未盡詩意。

　　胡孝轅曰：「以無家為慮，貽已貶司功而思暫就乎？」

因許八奉寄江寧旻上人

　　許八，許拾遺恩也。公有《送許恩歸江寧》詩。

　　不見旻公三十年，對書寄與淚潺湲。舊來好事今能否，老去新詩誰與傳。棋局動隨幽澗竹，袈裟憶上泛湖船。聞君話我為官在，頭白昏昏只醉眠。

　　詩作於乾元元年戊戌。而云不見三十年，遡而計之，當在開元十七年己巳。然公《進大禮表》云：「浪跡於陛下長林豐草，實自弱冠之年。」則其遊吳越乃在開元十九年，是時公年二十歲，當以表為是。《楚辭》：「橫流涕兮潺湲。」

　　「好事」，即下能詩能棋。舊注以新詩指公，甚無謂。公詩豈賴旻以傳？此謂旻與公遊時已能詩。□別三十年，旻老矣，其新詩必更多也。

　　棋局遊湖乃三十年前事，此昔日好事之證。

　　君指許八言。許與公同官，茲因許寄詩，旻必問公於許，許話而旻聞也。雖為官現在，然頭白昏昏，只醉眠矣。公代許話如此。

　　考公乾元元年正任拾遺，故云「為官在」。逆溯至開元十九年，遊吳越，與旻相見，止二十八年。曰三十年者，亦約略之辭。然公《壯遊》詩云「往昔十四五，出遊翰墨場」，則開元十六七年間，公已能詩久矣，何必不出遊。旻上人豈老於江寧者，又何必遊吳越時始與相會也。「頭白昏昏」，正今日為官之狀。寄語上人，今雖為官，亦謹在而已。回首少年出遊翰墨場時，意態迴異，故不覺題書封寄，淚下潺湲也。正因吾衰甚矣而潺湲，豈真憶一三十年前曾會面之老衲至於出淚如此其多也哉？

題鄭縣亭子

　　鄭縣亭子澗之濱，戶牖憑高發興新。雲斷岳蓮臨大路，天晴宮柳暗長春。巢邊野雀群欺燕，花底山蜂遠趁人。更欲題詩滿青竹，晚來幽獨恐傷神。

　　陸游《筆記》：「先君入蜀，至華州之鄭縣，過西溪，唐昭宗避兵，嘗幸之。其地在官道傍七八十步，澄深可愛。亭曰西溪亭，蓋杜詩所謂『鄭縣亭子澗之濱』者。」此公始至華州而題此亭也。亭據高處，故望見高遠，有以發公

之新興。

《華山記》：「山頂有池，生千葉蓮，故名華山，又名華嶽。峽間有地，名大路。《晉書》姚鸞從大路以絕檀道濟糧道是也。長春，離宮名。唐高祖起義，舍此宮，去亭才一舍。」按：岳蓮勢高，雲在山之半，若雲掩，則不見其臨大路矣。今云「斷」，故嶽蓮若臨也。天晴則宮易見，乃柳陰層密，雖霽亦晦，宮反為柳所暗。景之妙正在宮暗。

雀欺燕，蜂趁人，亦即景所見。諸注謂喻群小之讒譖，詩中不必著此解。

因一詩不足盡亭之勝，故更欲多題，乃多唫恐致傷神。當此幽獨，更易傷神也。「晚來幽獨」四字，見謫官淒涼之況。始之發興者此亭，繼之傷神者亦此亭。始之發興，因亭之勝而發興；繼之傷神，因謫官之地而傷神。既當幽獨，又值晚來，若非謫官，何至淒涼亭子之上。當此未有不傷神者。發興則一詩不已，又欲題詩；傷神則一唫而止矣。

望嶽

赴華州司功作。

西嶽崚嶒竦處尊，諸峰羅立似兒孫。安得仙人九節杖，拄到玉女洗頭盆。車箱入谷無歸路，箭括通天有一門。稍待秋風涼冷後，高尋白帝問真源。

華山在華陰縣，高五千仞。「竦處」二字能描出高山負氣踞勢之狀。

《真誥》：「蓬萊仙翁拄九節杖而視白龍。」《三峰記》曰：「華山雲臺上有石盆，可容水數斛，明瑩如玉，俗呼為玉女洗頭盆。」曰「安得」，曰「拄到」，公正因不能登，徒一望而已矣。

《寰宇記》：「車箱谷，一名車水渦，在華陰縣西南，深不可測。」《水經注》：「自下廟歷列栢，南入十一里，東廻三里，至中祠。又西南出五里，至南祠。從北南入谷，七里又屆一祠。出一里，至天井。」其路迂曲不可窮，故曰「入谷無歸路」。《華山記》：「箭括峰上有穴，纔見天，攀援自穴中而上，如坐室窺窗。」故曰「通天有一門」。無路則不得不望矣，有門則益可望矣。

舊注云：「華山名太極總仙之天。少昊為白帝，治西嶽。因其山之高絕，疑有仙林，故欲尋問真源。」愚謂真源豈可問，況欲從高而尋白帝以問之，益屬縹緲無憑之詞。不過謂白帝司秋，秋風稍涼，正白帝之時，借言問真源，總形容嶽之可望而不可即耳。公以六月貶司功，日見嶽之高而不能登，欲俟秋風稍涼以登之，料亦決不能登，故題曰「望嶽」也。

至日遣興奉寄北省舊閣老兩院故人二首

去歲茲辰捧御床，五更三點入鴛行。欲知趨走傷心地，正想氛氳滿眼香。無路從容陪語笑，有時顛倒著衣裳。何人錯憶窮愁日，愁日愁隨一線長。

公以至德二載十月扈從還京，此詩作於乾元元年之至日，則去歲茲辰正捧御床時也。捧御床，見不離左右之意。摯虞《決疑要注》曰：「殿堂之上，惟天子居床，其餘皆席。」《說文》曰：「鴛鴦立有行列，故以喻朝班。」

公時已在華州，諸注皆言為華州掾，趨走參謁郡將。顛倒衣裳，急承郡將名命也。甚謬。公只是憶供奉班耳。《漢官儀》曰：「尚書懷香握蘭，趨走丹墀。」《唐儀衛志》：「朝日，宰相兩省官對班於香案前。」公故想氛氳滿眼之香。

《素書》「安履」章曰：「走不視地者顛，衣不舉領者倒。」「趨走」，即《詩》之「奔走後先」也。「顛倒衣裳」，即《詩》之「東方未明，顛倒衣裳」也。四句俱是憶去歲茲辰，謂欲知趨走內廷，而反視為傷心地者，正想御爐氛氳，如在眼前，不能忘懷也。今羈身掾吏，無路得陪諸公以從容笑語，然有時尚疑五更三點便入鴛行，東方未明而顛倒衣裳也。如此解，方於「欲知」、「正想」、「無路」、「有時」八字有情。

「欲知」，正欲知傷心地。內廷之趨走，易知也；內廷趨走而反視為傷心地，不易知也。「正想」，正是想滿眼香。氛氳之終日在眼，無可想也；氛氳之不在眼而如滿眼，正可想也。「正想」蒙「欲知」來，謂欲知其傷心，正因想其滿眼也。日陪諸公笑語，以為固然，至於無路，而愴極矣。日東方未明而朝，亦視為故事，至於去朝之後，戀戀廷闕，有時尚顛倒衣裳，急思朝謁，愴益極矣。「有時」蒙「無路」來，謂雖無路入朝，尚有時愯疑早朝也。八字緊湊處，人未拈出，再為暢言之。

龔芝麓曰：「『欲知』、『正想』、『無路』、『有時』八字緊相呼應。王元美論詩，謂章法之妙，有不見句法者。此又即以句法為章法者也。自修遠拈出，開後人無窮機杼。」

長至之日，陽長陰消，故謂之愁盡日。因歎何人悟道如此，我之愁方與日俱長也。《唐雜錄》：「宮中以女工揆日之長短，冬至後日晷增長，比常日增一線之功。」

憶昨逍遙供奉班，去年今日侍龍顏。麒麟不動爐煙上，孔雀徐開扇

影還。玉几由來天北極，朱衣只在殿中間。孤城此日堪腸斷，愁對寒雲雪滿山。

前六句追言去冬至早朝之事，末感愴於山城之寂寞也。

唐拾遺掌供奉諷諫。《莊子》：「逍遙」，古作「消搖」。黃幾復解云：「消者如陽動而冰消，雖耗也，不竭其本。搖者如舟行而水搖，雖動也，不傷其內。遊於世者若是，惟體道者能之。」

「麒麟」，爐上之麒麟形也。《春秋感精符》曰：「麟一角，明海內共一主，故御煙象而鑄之。」「麒麟不動」，香煙自嫋嫋而上也。《唐儀衛志》：「宰臣兩省官對班於殿廷，扇合，皇帝升御座。還即合也。舊用翟尾扇。開元初，改為繡孔雀。」

漢制：天子玉几，冬則加綈錦其上。御座如天之北極，居所不動。《唐儀衛志》：「朝日，殿上設黼扆、躡席、薰爐、香案。御史大夫領屬官至殿西廡，從官朱衣傳呼，促百官就班。」玉几由來天之北極，今欲近侍得乎？朱衣只在殿中，今欲同班得乎？故腸斷於此日之孤城也。

「愁對寒雲雪滿山」，言山寒雲縞，望如雪積，即李太白所云「床前明月光，疑是地上霜」。霜之與月，雪之與雲，了不相關，句中自有賓主。憶昔日之逍遙，當今日之腸斷，感慨繫之矣。

早秋苦熱堆案相仍

乾元元年，初至華州司功作。

七月六日苦炎熱，對食暫飧還不能。每愁夜中自足蠍，況乃秋後轉多蠅。束帶發狂欲大叫，簿書何急來相仍。南望青松架短壑，安得赤腳踏層冰。

前六句言「苦熱」，言「堆案相仍」，末二句欲棄官南遊，避此煩熱也。

「足蠍」、「多蠅」，秋熱過時，故之二蟲尚不去而苦人。韓文公謫南方，及其北還也，有時云：「照壁喜見蠍。」韓以謫還，故見蠍喜；公以初謫，故見蠍怒。物亦繫乎人情者哉！陳廣野云：「幾欲拔劍斬蠅。」

韓昌黎曰：「人各有能有不能，抑而行之，必發狂疾。」公之欲大叫，正此意也。公以近侍出為外援，薄書瑣屑，固非其長，誠如嵇康所云：「人間多事，堆案盈幾。」

「青松架短壑」，謂以青松架壑上也。壑長則青松不能架矣。既恕「青松

架短榰」，又思「赤腳踏層冰」，蓋前三聯對食則熱，見蠍蠅則更熱，欲大叫則益熱，熱以漸熱。後二句思青松則涼，架短榰則更涼，踏層冰則益涼，涼以漸涼。前之熱也，皆因薄書之堆案；後之涼也，正以微官之去身。然則公已決志棄官矣。

九日藍田崔氏莊

舊注云：「此與《崔氏東山草堂》皆沒賊時作。」按：公是年雖自鄜州赴行在，為賊所得，然在賊營，則不能遠至藍田。又是時，兩宮奔竄，四海驚擾，公豈獨有「興來今日盡君歡」之理。意是乾元年為華州司功時，至藍田而有此作也。公在華州，尚能至東都，豈不能至藍田？華至藍田八十里爾。

老去悲秋強自寬，興來今日盡君歡。羞將短髮還吹帽，笑倩傍人為正冠。藍水遠從千澗落，玉山高並兩峰寒。明年此會知誰健，醉把茱萸仔細看。

起聯便屬對，纔悲秋忽又自寬，自寬即興來，興來即盡歡，二句一直下而轉折無數。

晉孟嘉，字萬年。九日從桓溫晏龍山，風吹落帽。溫目左右勿言，以觀其舉止。良久取還之，溫命孫盛為文嘲之，嘉笑而作答，了不自覺。公詩翻落帽之案。兩句一事。「笑倩」者，即溫命左右取還，嘉笑不自覺意也。亦承「羞將」來，作一句讀。嘉以落帽為風流，公以不落帽為風流也。

《漢書》：「霸水出藍田，入渭。」又，藍穀水自秦嶺西流，經藍田藍橋，過王順山，水下出藍谷，西北流入霸水。所謂「遠從千澗落」也。《寰宇記》：「藍田山一名玉山。」《三秦記》曰：「有川方三十里，其水北流，出玉。」玉山與秦山、華山峙立，故曰「高並兩峰寒」。此二句言莊前山水之勝。

《西京雜記》：「戚夫人侍兒賈佩蘭說在宮中時，九月九日佩茱萸，食蓬餌，飲菊花酒，令人長壽。」「明年此會」句結「老去悲秋」，「醉把茱萸」句結「興來盡歡」，而意又相蒙也。

宋人楊廷秀極口推重此詩，然不過推敲字句耳。不知此詩作於天寶喪亂之後，異鄉佳節，無限傷心，卻又不堪說破。首句「老去悲秋強自寬」，已足淒然；接以「興來今日盡君歡」，蓋言今之盡君歡者，偶然興至耳。所謂「強自寬」也。曰「羞將」，曰「笑倩」，具見無聊中排遣之況。「藍水」二句從山水中寫出寥落高寒氣象，更覺悽愴難言。「明年此會知誰健」，非泛然感歎也。

蓋謂亂離如此，人生幾何，來日苦短，聚首難期。「醉把茱萸仔細看」，「仔細」二字尤極深至。元遺山詩：「重來未必春風在，更為梨花立少時。」即「仔細」二字意也。然隨口吟諷，渾然不覺。衛洗馬言愁，貌悴而神不傷，可評此詩，豈徒以使事為工、翻案為巧乎？

　　張成倩曰：「末句，解者皆謂看茱萸殊無謂，疑承上聯來。余得此解大快。蓋藍水當樽，玉山在望，其遠落高寒正是看之不盡，故手把茱萸，目看山水，對美景以留連，攬時物而寄矚，雖酣醉之餘，未嘗不仔細，正不肯草草看過也。當日情味景況，猶可想像而出。」

崔氏東山草堂

東山即藍田山也。

愛汝玉山草堂靜，高秋爽氣相鮮新。有時自發鍾磬聲，落日更見漁樵人。盤剝白鴉谷口栗，飯煮青泥坊底芹。何為西莊王給事，柴門空閉鎖松筠。

　　崔氏草堂之可愛，正在於靜，靜則無聲，但見爽氣耳。東山之爽氣與秋氣相鮮新，正與杜牧詩「南山與秋色，氣勢兩相高」同意。

　　諸注咸謂草堂中有編鍾石磬，崔氏時自擊之。愚謂此必山寺鐘磬也。草堂甚靜，不知鍾磬何自而發，故曰「有時」。所見者惟漁樵人，又當落日之際而纔見，總寫山境靜極之況。

　　《通志》曰：「白鴉谷在藍田東南，谷中有翠微寺，其地宜栗。」《水經注》：「泥水歷嶢柳城南，魏置青泥軍於城內，俗謂之青泥城。」「坊」，堤也，與「防」同。公《贊公房》詩曰：「雨瀉暮簷竹，風吹青井芹。」青井，即青泥坊，其水多生芹，可雜煮為飯，即菇米飯之意。剝栗煮芹，皆山中靜況。按：芹字出文韻。少陵詩間有出韻者，應是趁筆之誤。

　　《雍錄》：「輞川在藍田縣西南二十里。王維別墅在焉。本宋之問別圃也。」吳若注云：「王維時被張通儒禁在京城東山北寺，故公為之歎息。」按舊史，王維晚年得宋之問藍田別墅，其被禁時，維未得此別墅也。後肅宗還京，維以詩及弟縉納官代罪之故，得為太子中允，復拜給事中。公詩意謂維既有此別墅，卻不宜再仕朝廷，遂令柴門空鎖，松筠為可歎耳。當是乾元元年作。其復為給事中，舊史言之，而新史不載。

　　按：維《輞川別墅》詩云：「積雨空林煙火遲，蒸藜炊黍餉東菑。漠漠水

－53－

田飛白鷺,陰陰夏木囀黃鸝。山中習靜觀朝槿,松下清齋折露葵。野老與人爭席罷,海鷗何事更相疑。」此即給事詠西莊者,前六句之意與此略同,蓋亦識此趣矣。末乃謂「海鷗何事更相疑」,少陵怪歎給事,給事怪歎海鷗,豈彼亦自知不能淡然於功名富貴之際,故與海鷗未相忘與?松筠空鎖,豈不令海鷗笑人?

恨別

洛城一別四千里,胡騎長驅五六年。草木變衰行劍外,兵戈阻絕老江邊。思家步月清宵立,憶弟看雲白日眠。聞道河陽近乘勝,司徒急為破幽燕。

洛陽,公故鄉也。公於乾元二年春自東都回華州,客秦州,寓同谷,至成都,奔走四千里,尚未得所依,故以別為恨。

「胡騎長驅五六年」,指安史之亂。公於十二月至蜀,故見草木搖落。初至蜀而遂云「老江邊」,因憂而衰悴,恐從此便老於蜀而不能他往也。「此生那老蜀,不死定歸秦」,公初至時便已矢此志矣。

夜立晝眠,晝夜失其常。曰步又曰立,曰看又曰眠,徘徊無聊,忽行忽止,忽起忽臥,臥倒錯亂,不能自定。二語善寫恨狀。公有四弟,穎、觀、豐皆避亂他郡,惟占從公入蜀。

乾元元年十月,光弼悉軍赴河陽,大破思明賊眾。上元元年,進圍懷州,光弼再逐北,即日懷州平。此河陽乘勝之事也。當時用兵之失,在於專事河陽,與賊相持,而不為直搗巢穴之舉。「幽燕」,思明之巢穴也。公詩蓋屢言之。嘗制郭子儀自朔方直取范陽,還定河北。制下旬日,為魚朝恩所沮。次年,光弼遂有邙山之敗。《散愁》詩:「司徒下燕趙」,亦此意也。曰「急為」者,望之切也,從「乘勝」來。

王瀁谷曰:「當時李泌亦嘗勸肅宗乘勝直取幽燕,然後還京,惜帝不從,以致賊焰甫撲而又燬,雖將以李、郭,倏勝倏負,不能成功,河北迄今不為唐有。公之急破幽燕,良有見哉!」

按:破幽燕之策,當時見及者不過數人。清河李萼告顏真卿,請「分兵開崞口,出千里之師,因討汲、鄴以北,至於幽陵郡縣之未下者;平原、清河帥諸同盟,會兵十萬,南臨孟津,分兵循河,據守要害,制其北走之路」[註1]。

[註1] 見《資治通鑑》卷二百十七。

公但表朝廷堅壁勿戰，不過月餘，賊必內潰。哥舒翰守潼關，郭子儀、李光弼上言，諸引兵直取范陽，覆其巢穴，質賊黨妻子以招之，賊必大潰。潼關大兵惟應固守，不當輕出。此潼關未破前事也。肅宗語李泌：「賊強如此，何時平定？」泌請令光弼自太原出井陘，子儀自馮翊入河東。陛下以所徵之兵，軍於扶風，與子儀、光弼互出擊之。來春命建寧為范陽節度大使，並塞北出，與光弼南北犄角以取范陽，覆其巢穴，賊退無所歸，留不獲安。然後大軍四面攻之，必成擒矣。此祿由未死時事也。及祿山死，河東平，泌勸上如前策，遣安西及西域之眾並塞西北，自歸櫨南取范陽。且言今以此眾直取兩京，雖可必得，然賊必再強，我必再困。上問其故，對曰：「今所恃者，皆西北守塞及諸胡之兵，性耐寒而畏暑。若乘其新至之銳，攻祿山已老之師，必克兩京。春氣已深，賊收其餘眾，遁歸巢穴。關東地熱，官軍必困而思師，不可留也。賊收兵秣馬，伺官軍之去，必復南來。不如先用之寒鄉，除其巢穴，則賊無所歸，根本永絕。」上以急於晨昏之戀謝之。此長安未復時事也。萼與李、郭之策不行，是以有靈武之奔。泌之策不行，是以有九節度之潰。至上元元年，光弼乘河陽之勝，遂平懷州。此時長安已復，慶緒已死，直搗幽燕，萬萬不容更緩。故下一「急」字，蓋深惜前三策之不用耳。惟公策又不行，故河陽方捷，邙山繼敗。直至思明天殂，朝義勢窮，幽燕之地，始歸版籍。然究竟以僕固懷恩恐賊平寵衰，因田承嗣、薛嵩之來降而授之，於是河朔三鎮叛服不常，其禍與唐祚相終始。公詩不徒曰乘勝取幽燕，而必曰「破幽燕」，若謂須滅此而朝食者，與「大君先息戰，歸馬華山陽」及「安邊自合有長策，何必流離中國人」之意迥然不同，蓋深見盧龍、范陽染暴逆已深，非廓清掃蕩、與之更始不可。招降納叛雖暫弭目前之兵，必至養虎貽患。元季之於谷珍、士誠，劉誠意不惜以死爭之，亦猶公意也。然則「破」之一字尤萬世之金鑑哉！

辟疆園杜詩注解七言律卷之二

觀陽李贊元望石甫閱

梁溪顧　宸修遠甫著

同里黃家舒漢臣甫評

卜居

　　乾元二年冬，公至成都。明年上元，公年四十九，劍南節度使斐冕為卜成都西郭浣花溪以居。按集有《寄題江外草堂》云：「經營上元始，斷手寶應年」是也。《楚辭》，屈原有《卜居》。公藉以為題。

　　浣花溪水水西頭，主人為卜林塘幽。已知出郭少塵事，更有澄江銷客愁。無數蜻蜓齊上下，一雙鸂鶒對沉浮。東行萬里堪乘興，須向山陰上小舟。

　　既占溪水之勝，復喜林塘之幽。郭以外可無塵事相擾，江又澄能為客子散愁。踞地之勝如此。蜻蜓點水，上下齊飛；鸂鶒相親，浮沉自得。觀物之樂又如此。曰「齊」、曰「對」，善寫物狀。

　　《元和郡國志》：「萬里橋在縣南八里。蜀使費禕聘吳，諸葛亮祖之。禕歎曰：『萬里之行，始於此矣橋。』因以為名。」李肇《唐國史補》曰：「蜀郡有萬里橋，玄宗至而喜曰：『吾嘗自知，行地萬里則歸。』」

　　上六句極言草堂之勝，宜居之而甚樂，卜焉以終身矣。乃甫卜居，便有東行之興。何也？且東行而欲至山陰，奚啻萬里之遠？因萬里橋遂發萬里之想，公必有不得已於卜居者，冕之為主人可知。

　　子猷之興，欲去即去，欲歸即歸。山陰小舟，飄然寄傲。「此生那老蜀」，所素矢也。

蜀相

　　先主建安二十六年即帝位，冊亮為丞相，錄尚書事。先主敕後主曰：「汝

於丞相從事，事之如父。」建興元年，封亮武鄉侯。

丞相祠堂何處尋，錦官城外柏森森。映階碧草自春色，隔葉黃鸝空好音。三顧頻繁天下計，兩朝開濟老臣心。出師未捷身先死，長使英雄淚滿襟。

《寰宇記》：「諸葛武侯祠在先主廟西，府城西有故宅。」《方輿勝覽》：「在府城西北二里。武侯初亡，百姓遇節朔，各私祭於道中。李雄稱王，始為廟於少城內。桓溫平蜀，夷少城，獨存侯廟。」《儒林公議》曰：「成都先主廟側有諸葛武侯祠，祠前有大柏，係孔明手植，圍數丈。唐相段文昌有詩刻存焉。唐末漸枯，歷王建、孟知祥二偽國，不復生，然亦不敢伐。皇宋乾德五年丁卯夏五月，枯柯再生。余於皇祐初守成都，又八十年矣。新枝聳雲，枯乾存者若老龍之形。」公詩「霜皮溜雨四十圍，黛色參天二千尺」，正所謂「柏森森」也。

「碧草自春色」、「黃鸝空好音」，不知為故相之祠，又若「春色」、「好音」俱與故相祠不相關涉。二語中便有「何處尋」三字，不止形容淒涼之況。

《三國志》：「費禕以奉使稱能，頻煩至吳。」庾亮表：「頻煩省闥，出總六師。」《晉書‧恒宣傳》：「宣開濟篤素。」《劉琨傳》：「琨忠亮開濟。」公下字俱有所本。按：司馬懿語人：「諸葛公食少事繁，其能久乎？」又，孔明下教，有「開誠心，布公道，集眾思，廣忠益」等語。此所謂「頻煩」、「開濟」也。當時論者謂孔明二十以下，身自決罰，躬親庶務，過敝精神，自夭天年。不知草廬三顧時，已身任天下之重，強敵在前，內外乏材，雖欲不周詳慎密、竭蹶從事而不可得，則公之頻煩正為天下計也。至身際兩朝，託孤寄命，主少國疑，非虛公無我，何以杜群小之讒構，絕吳魏之離間。觀其自言「吾心如秤，不能為人作輕重」，又《出師表》「宮中府中，俱為一體」，可想「開」字之義。又涕泣對先主云：「臣敢不竭股肱之力，效忠貞之節，繼之以死。」此所云「濟」也。如處馬謖、楊儀、李平、廖立等事，老臣心事可格仇怨，可泣鬼神。

建興十二年，武侯悉大眾，由斜谷出，據武功五丈原，與司馬懿對於渭南，相持百餘日。其年八月，侯疾病，卒於軍，時年五十四。五丈原之隅，真所謂「鞠躬盡瘁，死而後已」。「出師未捷身先死」，皆「頻煩」、「開濟」，嘔血酸辛所致。後之英雄攬其遺跡，安得不低佪於碧草、黃鸝間致滿襟流淚也哉？「淚滿襟」三字正寫出「自春色」、「空好音」一種惆悵躊躇，並「何處尋」亦隱躍生動，非前只寫景、後方尚論也。

李望石曰：「天下一統，既不能就，無以慰先王之懷。僅僅三分，亦不能守，無以終幼主之局。計與心，在人者也；生與死，在天者也。區區老臣之心，使千古英雄滿襟皆淚，公此詩堪與《出師》二表並讀。」

江村

清江一曲抱村流，長夏江村事事幽。自去自來梁上燕，相親相近水中鷗。老妻畫紙為棋局，稚子敲針作釣鉤。多病所須唯藥物，微軀此外更何求。

首言浣花溪之澄清。江抱村而曲，便寫出幽意。當此長夏，更覺其事事幽也。下四句正言「事事幽」。

舊注：梁燕屬村，水鷗屬江；棋局屬村，釣鉤屬江。江村互對甚板滯，總是人幽物亦幽描寫大意耳。

燕本近人者，自去自來，偏若無情；鷗本遠人者，相親相近，偏若有情。是公刻畫處。

東晉李秀《四維賦》云：「四維戲者，衛尉摯侯所造也。畫紙為局，截木為碁。」東方朔《七諫》：「以直鍼而釣兮，又何魚之能得？」《韻語陽秋》曰：「老杜《北征》詩云：『經年至茆屋，妻子衣百結。慟哭松聲回，悲泉共幽咽。平生所嬌兒，顏色白勝雪。見爺背面啼，垢膩腳不襪。』當是時方脫身於萬死一生之地，得見妻兒，其情如是。洎至秦中，則曰『曬藥能無婦，應門亦有兒』。至成都，則曰『老妻憂坐痺，幼女問頭風』。觀其情惋，已非北征時比。及《觀進艇》詩則曰『晝引老妻乘小艇，晴看稚子浴清江』，《江村》詩則曰『老妻畫紙為棋局，稚子敲針作釣鉤』，其優游愉悅之情見於嬉戲之間，又異於在秦、益時矣。」

「所須惟藥物」，幽極而病亦可安，無望於厚祿故人矣。

全首高曠，真野人之傲岸者。

黃漢臣曰：「味『自去自來』二句，隱然有賓朋斷絕、車馬寂寥之感。言日與作緣者，惟梁上之燕、水中之鷗。此外則老妻、稚子而已。然則厚祿故人、同學少年，其交情蓋鷗、燕之不若也。」戎昱《別友》詩：「黃鸝久住渾相識，欲別頻啼四五聲。」亦是此意。然風刺顯然，較少陵蘊藉減矣。

野老

野老籬前江岸回，柴門不正逐江開。漁人網集澄潭下，賈客船隨返

照來。長路關心悲劍閣，片云何意傍琴臺。王師未報收東郡，城闕秋生
畫角哀。

岸直則江駛水淺，回則勢曲潭深，言此江岸回曲。其柴門不正者，逐江勢
而開也。漁網客船因柴門向江而見。下，下網者也。潭即百花潭。日暮而船急
於赴泊，故隨返照而來。

《水經注》：「小劍去大劍三十里，連山絕險，飛閣相通，謂之劍閣。」《十
道志》：「成都有琴臺，即相如與文君賣酒處。今海安寺是也。」趙清獻公《玉
壘記》：「相如琴臺在浣花溪北。後掘地，獲大甕二十口，蓋以響琴也。」公追
思入蜀之時，來路甚長。最關心者，劍閣之險。今已歷飛閣而過矣。相傳名勝
有琴臺古蹟，瞻雲而望，到此依止，何意竟與琴臺相傍？此來已經歷險，回首
甚難。此地昔稱勝蹟，依棲古賢，與之相傍，亦未嘗不可居。此二句言不能他
往也，況王師未收東郡乎！

黃鶴曰：「東郡，今滑州也。去年九月，史思明陷東京及濟、汝、鄭、滑
四州。是年六月，田神功破思明之兵於鄭州。上元二年，令狐彰始以滑州歸朝
廷。此時東京諸郡猶未收。公意柴門暫棲，流連名勝，故鄉在東京，王師未
捷，欲歸無由，亦惟為蜀中之野老而已。」

至德二年，成都升為南京，得稱城闕。無奈秋聲入耳，畫角生哀，能傷野
老之心，而動野老之感。當此時也，幾不自知何故而來。此將上文「何意」、
「關心」數虛字盡於此句中淒其寫出，並「澄潭」、「返照」、「柴門」、「野籬」
盡添秋氣，盡增哀景。題曰野老，豈甘為蜀中之老乎？故公詩曰：「此生那老
蜀。」

賓至

幽棲地僻經過少，老病人扶再拜難。豈有文章驚海內，謾勞車馬駐
江干。竟日淹留佳客坐，百年麤糲腐儒餐。莫嫌野外無供給，乘興還來
看藥欄。

幽棲則地自僻，地僻則經過者自少，經過少則不必再拜而迎，可安於老
病，免人扶之苦矣。乃竟有不然者，故下接「豈有文章」云云。

韓退之詩：「李杜文章在，光燄萬丈長。」公亦自云：「為人性癖耽佳句，
語不驚人死不休。」茲曰「豈有文章驚海內」，更見震動一世之意。雖僻處而
光燄自不可掩，自謙之中未嘗不自負。若竟作謙詞，便非老杜本色矣。車馬遠

來，留駐江干，客未免跋涉之勞，公則以逸應之。語意猶云豈有文章驚海內乎？致客之遠勞如此耶？正與上二句相呼應。

遠來訪公者，定非俗客。公詩：「一飯未曾留俗客。」今遇佳客，則淹留竟日，殊未厭也。漢高祖以隨何為腐儒。「百年」，猶云終身，言不改其素也。粗糲豈堪歉佳賓，但公自守其腐儒之性，不因客至而改素。此中具見風骨。

既在野外，自不能供給佳賓，但花藥之欄，聊堪寓日。佳賓倘不嫌腐儒之殢，雖去而還來，未嘗不可。

按：此詩前四句言不應客至而客至，後四言無可待客而待客。地僻則無便道相訪之客，老病則無因我訪彼、彼來答訪之客，乃車馬交集，竟日淹留，公只以粗糲待之。野老之況，亦高亦傲，亦倨亦恭。末云「乘興還來看藥欄」，謂不必訪我而來也，照應「豈有文章」句，使通首緊湊。此與范員外、吳侍御訪公草堂詩〔註1〕宜参看。

李望石曰：「如此作解，詞人聲價，高人性情，種種具見，始信元龍百尺樓與陳遵投轄、鄭莊置驛原不相妨。若尋常讀過，不過泛記往還而已。注詩之妙，在心細眼冷，讀去字字解頤。千載而下，老杜始遇知己。」

南鄰

朱山人也。公有《過南鄰朱山人水亭》詩。

錦里先生烏角巾，園收芋栗未全貧。慣看賓客兒童喜，得食堦除鳥雀馴。秋水纔深四五尺，野航恰受兩三人。白沙翠竹江村暮，相送柴門月色新。

郭林宗遇雨而巾角折，人皆折角以傚之。烏角巾，亦野人之巾也。《南史》：「劉巖隱逸不仕，常著緇衣小烏巾。」

周祈《名義考》曰：「『園收芋栗未全貧』與《山農詞》『歲莫鋤犁空傍壁，呼兒登山收橡栗』意同。芋栗即橡栗，櫟木子也。《莊子》『狙公賦芋』，即此物。今誤作芋栗。芋為蹲鴟，栗為萊蝐。有此二物，朱山人且作富翁矣。」

「慣看賓客」，公自言數過山亭，雖兒童亦慣看而喜，見與主人莫逆之至也。公本言山人之貧，卻以「園收芋栗」，即為不貧；本言山人喜賓客，卻以兒童之喜，形出主人之喜。所云「相過人不知」、「從此數追隨」〔註2〕也。

〔註1〕《范二員外邈、吳十侍御鬱特枉駕展待聊寄此》。
〔註2〕《過南鄰朱山人水亭》。

堦除鳥雀，馴擾不去，正與「但見群鷗日日來」同一野趣。公自詠客至，則云「花徑不掃」，詠山人水亭則云「幽花滿樹」，想見好鳥枝頭，落花水面，真「別有天地非人間」矣。

胡孝轅曰：「貧家人客稀過，兒童喜看；鳥雀亦不畏人，下食馴擾。此景殊可想，第非老杜不能寫出。」

秋水纔深，道目前實景。「野航」，山人之航。昔晉郭翻乘小舟歸武昌，安西將軍庾亮造之，以其船狹小，引就大船。翻曰：「使君不以鄙賤而猥辱臨之，此固野人之航也。」「秋水纔深四五尺」，水清故見其底。「野航恰受兩三人」，水淺故僅容舟。「纔深」，有作「纔添」者，誤。此正言秋水落，僅深四五尺，以生下「恰受」句耳。公詩多用「受」字。此「受」字更見奇趣，與「白魚不受釣」並妙。

公過山人，由階除而至航，由航而復歸村。至日暮言旋，猶柴門相送。秋江月色，留連無已。所謂「歸客村非遠，殘樽席更移」也。「月色新」，「新」字有撤見而驚之意。野景留連，不覺月色又新矣。

《鶴林玉露》云：「陶淵明《移居》詩云：『昔欲居南村，非為卜其宅。聞多素心人，樂與數晨夕。』又云：『鄰曲時來往，抗言談在昔。奇文共欣賞，疑義相與析。』則南村之鄰豈庸庸之士哉！杜詩《南鄰》所云錦里先生者，固亦非常人矣。」

和裴迪登蜀州東亭送客逢早梅見寄

東閣官梅動詩興，還如何遜在揚州。此時對雪遙相憶，送客逢春可自由。幸不折來傷歲暮，若為看去亂鄉愁。江邊一樹垂垂發，朝夕催人自白頭。

按何遜本傳，天監中，起家奉朝請，遷中衛建安王水曹行參軍，兼記室。王愛文學之士，日與遊宴。建安王者，南平元襄王偉初封也。天監六年，遷使持節，都督揚南徐二州諸軍事、右軍將軍、揚州刺史。七年，以疾表解州。則遜為建安王記室正在揚州。故云「何遜在揚州」。

迪時依王侍郎縉在蜀，公與迪詩云：「風物悲遊子，登臨憶侍郎。」侍郎係故相，故云「東閣」。迪在王幕，與何遜為記室同。遜有《梅花》詩云：「兔園標節物，驚時最是梅。銜霜當路發，映雪擬寒開。枝橫卻月觀，花遶凌風臺」云云。迪之因官梅而動詩興，亦與遜同，故曰「還如何遜在揚州」。

「此時對雪遙相憶」，公憶裴也。「送客逢春可自由」，裴不禁思公也。寫出彼此遙憶之況。「逢春」，即逢花也。梅開而春意動，春至而不得自由，狀懷人之態欲絕。所送者，東亭之客；所懷者，不在東亭之人。因此憶彼，情況益見。

邵二泉曰：「幸爾只寄詩，不寄梅。若折花來，則傷我歲暮之情。折來且傷歲暮，如使至蜀同看，則尤起思歸之愁矣。」

「江邊」，公自言也。「垂垂」，花帶雪之狀。可見「對雪」句是公懷裴，正與詞句隱映。江邊一樹，朝夕相看，已足催人白頭，況往蜀州而看乎！詠梅意不在梅。意不在梅，而妙於詠梅，為千古梅花詩特絕。

堂成

背郭堂成蔭白茅，緣江路熟俯青郊。榿林礙日吟風葉，籠竹和煙滴露梢。暫止飛鳥將數子，頻來語燕定新巢。旁人錯比楊雄宅，懶惰無心作解嘲。

浣花溪在成都城外，故云「背郭」。言此堂背郭臨江，而當適郊之路也。公久寓寺中，往來經行，其路已甚熟，今始成堂於此。

《蜀中記》：「玉壘以東多榿木，易成而可薪，美蔭而不害，又有竹名籠籦。」宋子京《益部方物記》：「慈竹別有一種，節間空八九尺者曰龍竹。」榿木易成林，故饒礙日吟風之葉。籠竹最綿密，故皆和煙滴露之梢。此言堂初成，不能樹十年之木，聊以易成林之榿木，為堂前蔭庇；易拂雲之竹，稍為堂中點綴而已。總是偷安暫棲之意。

「數子」，猶言生幾子，謂將生子也。《古樂府》：「烏生八九子，端坐秦氏桂樹間。」言堂既成，昔日暫止之烏，今則可以生子；昔日頻來之燕，今始可以定巢也。

楊雄本成都人，有田一壥，有宅一區，是雄終身之居也。傍人以公初成之堂比楊雄之宅，誤矣。況雄草《太玄》有以自守，故有嘲雄者，而雄解之。公則暫棲而已。既非如雄安居之宅，亦不必自守其玄，又安用解嘲乎？總謂堂雖成，原非公久居之堂也。託言懶惰，並嘲亦不必解，意在冕不能為主人，公亦不能如雄時之附丁傳、董賢輩者以附冕，則亦隨寓暫，以遂其懶惰之性而已。諸注云有不滿楊雄意，甚無謂。

嚴顥亭曰：「拈出不久居意，最醒最確。飛鳥曰暫止，語燕曰頻來，隱然

有三匝無枝之感。且色斯舉矣,翔而後集。烏猶如此,而況人乎!乃知少陵字不輕下。」

狂夫

　　萬里橋四一草堂,百花潭水即滄浪。風含翠篠娟娟淨,雨裛紅蕖冉冉香。厚祿故人書斷絕,恒饑稚子色淒涼。欲填溝壑惟疏放,自笑狂夫老更狂。

　　《北山移文》李善《注》引梁簡文帝《草堂傳》曰:「汝南周顒昔經在蜀,以蜀草堂寺林壑可懷,乃於鍾嶺雷次宗學館立寺,因名草堂,亦號山茨,所謂草堂之靈也。」李德裕《益州記》曰:「益州草堂寺,列畫前史一十四人。」注引《成都記》云:「在府西七里,去浣花亭三里。」草堂寺自梁有之,故德裕《記》又云:「精舍甚古,貌像將傾。甫卜居浣花里,近草堂寺,因名草堂。」乃志云:寺枕浣花溪,接杜工部舊居草堂,俗呼為草堂寺。此大誤也。本傳云:於成都浣花里種竹植樹,結廬枕江。《卜居》詩:「浣花流水水西頭。」《狂夫》詩:「萬里橋西一草堂,百花潭水即滄浪。」《堂成》云:「背郭堂成蔭白茅。」《西郊》詩:「時出碧雞坊,西郊向草堂。」《懷錦水居止》詩:「萬里橋南宅,百花潭北莊。」然則草堂背成都郭,在西郊碧雞坊外,萬里橋南,百花潭北,浣花水西,歷歷可考。陸放翁云:「少陵有二草堂:一在萬里橋西,一在浣花,皆見於詩中。萬里橋蹤跡不可見,或云房季可園是也。」放翁在蜀久,無容有誤。然少陵在成都實無二草堂也。

　　《寰宇記》:「杜甫宅在成都西郭外,地屬犀浦,接浣花溪,地名百花潭。」舊注引冀國夫人事,即崔旰之妾任氏也。宋人任正一《遊浣花記》云:「百花潭見於杜詩,非由冀國而得名也。」陸游《筆記》:「四月十九日,成都謂之浣花遨頭,宴於杜子美草堂滄浪亭,傾城皆出。自開歲宴遊,至是日止。蜀人云:雖戴白之老,未嘗見浣花日有雨也。」大曆中,崔寧鎮蜀,以任氏本浣花人,重修草堂寺,故蜀人因百花潭之名附會其說。薛濤亦家於潭傍,以潭水造紙,為十色箋。李義山詩「浣花箋紙桃花色」,又可謂潭因薛濤得名矣。

　　黃維章曰:「解是詩者,謂風含翠篠而其淨娟娟,雨所潤也;雨浥紅芙而其香冉冉,風所送也。風中有雨,雨中有風。此解甚佳。吾謂杜旨不如是。凡淨從雨說,香從風說,此常景常意耳。必從風說淨,從雨說香,乃翻常景為新景,翻常意為新意。此老杜精於觀物處。雨之洗塵使淨,不如風之捷於去塵,

不待洗而淨。含字最妙，恒含則恒淨矣。若用吹字便稚。風中之花味因風驅而遠香，不如雨中之花味因雨漬而倍有深香。浥字最妙，彌浥則彌香矣。若用灑字便俗。娟娟、冉冉尤寫出風雨中葆藥之態。竹葉本輕，風含之則益輕而逸，故其逸致娟娟生妍。蓮苞本重，雨浥之則益重而垂，故其體勢冉冉婉弱。狀物之妙，竟如兩幅美人圖。」

　　後漢陳遵為河南太守，至官，召吏十人，作私書謝京師故人。公意責在厚祿者均屬貧交，勢自不暇相相顧，乃厚祿者亦復爾，則無復故人之望矣。稚子飢餓，亦屬慣常，但淒涼之色見於顏面，對之不堪。公自言亦將欲填溝壑矣，若此者惟疏放之故。向秀《思舊賦》：「嵇康志遠而疏，呂安心曠而放。」杜詩每用疏放，蓋本於此，謂不能仰面於人也。

　　《韻語陽秋》曰：「老杜避亂秦蜀，衣食不足，不免求給於人。如《贈高彭州》云：『百年已過半，秋至轉飢寒。為問彭州牧，何時救急難。』《客夜》詩云：『計拙無衣食，途窮仗友生。老妻書數紙，應悉未歸情。』《答裴道州》詩云：『虛名但蒙寒暄問，泛愛不救溝壑辱。』《簡韋十》詩云：『因知貧病人須棄，能使韋郎跡也疏。』《狂夫》詩云：『厚祿故人書信絕，恒飢稚子色淒涼。』觀此五詩，可見其艱窘而有望於故舊也。然當時能賙之者幾何人哉？劉長卿云：『世情薄恩義，俗態輕窮厄。』山谷云：『持飢望路人，誰能顏色溫。』余於子美亦云。」

　　此公自詠其狂以見志也，言有堂可居，有水可濯，竹之淨、蓮之香又足以從吾所好，吾復何求於世哉？是以故人絕問，稚子恒飢，甚則一身填於溝壑，亦惟此疏放而已。其老而更狂如此，不惟人笑，吾亦自笑之矣。到底是不肯求人意。「疏放」二字是狂夫本色，雖填溝壑，亦不能改其疏放之性。公詩「但覺高歌有鬼神，焉知餓死填溝壑」，正此意也。孔子思魯之狂士，所云狂者，亦惟不掩其真性也與？

　　觀此詩，公殆將飢餓不能出門戶，則裴冕待公之薄可知，宜公有山陰之興也。

客至

　　公自注云：「喜崔明府見過。」按：公母崔氏，明府其舅氏也。

　　舍南舍北皆春水，但見群鷗日日來。花徑不曾緣客掃，蓬門今始為君開。盤餐市遠無兼味，樽酒家貧只舊醅。肯與鄰翁相對飲，隔籬呼取

盡餘杯。

「舍南舍北」，公所居也。公自言僻居水鄉，但見水鳥日來，落花滿徑。今客至不能掃徑而迎，惟為君一開蓬門耳。曰「為君開」，則不為俗客開可知。

「餐」，熟食也。「醅」，酒未漉也。公喜客之至，作真率語以留之，言不能取之於市，故盤無兼味；酒惟舊醅，皆貧家所現有也。

首曰「舍南舍北」，公之南鄰則朱山人，北鄰則王明府也。肯與共飲，竟可呼取而來，見平日忘形之至。「盡餘杯」，盡其舊醅之所餘。「肯」字是問客之詞。

進艇

《廣雅》曰：「船小而長曰艇。」村農所用也。

南京久客耕南畝，北望傷神坐北窗。晝引老妻乘小艇，晴看稚子浴清江。俱飛蛺蝶元相逐，並蒂芙蓉本自雙。茗飲蔗漿攜所有，瓷罌無謝玉為缸。

肅宗至德二載，以成都府為南京。從南思北，公觸景皆然。二語特泛起。或坐北窗無聊，因動進艇之興也。南京南畝，北望北窗，公詩中巧句亦偶然涉筆耳。

偶與老妻乘艇，日色晴和，稚子遂浴於清流，因見蛺蝶俱飛，芙蓉並蒂。曰「元相逐」，曰「本自雙」，實喜妻子追隨，比共泛之義。雖久客如在家，從傷神而聊以自遣也。

羊衒之《洛陽伽藍記》：「彭城王勰戲謂王肅曰：『明日顧我，為君設邾莒之餐，亦有酪奴。』」因此復號茗飲為酪奴。《招魂》：「濡鱉炮羔，有柘漿些。」《注》：「柘，諸蔗也。」鄒陽《酒賦》：「醪釀既成，綠瓷既啟。」公有《從韋少府乞大邑瓷盌》詩云：「大邑燒瓷輕且堅，扣如哀玉錦城傳。君家白盌勝霜雪，急送茅齋也可憐。」茗飲蔗漿，攜諸所有，言取諸宮中也。「瓷罌」，想即乞諸韋少府者。「無謝」，猶言不讓。家有瓷罌，更何必玉缸。此與田家老瓦盆無用傾銀注玉同意。

所思

思崔漪也。漪以吏部讁〔註3〕荊州司馬。

〔註3〕「讁」，底本誤作「摘」，據下文改。

　　苦憶荊州醉司馬，謫官樽酒定常開。九江日落醒何處，一柱觀頭眠幾回。可憐懷抱向人盡，欲問平安無使來。故憑錦水將雙淚，好過瞿塘灩澦堆。

　　荊州居江左上游，介巴蜀要會，瀕城東北，納沮澤諸流，昔人謂之海匱天險。漪以吏部謫荊州司馬，公之苦憶，正憶其醉也。醉而謫〔註4〕為司馬，恐為司馬而復醉，故尤憶其謫官之後，樽酒常開。

　　《荊州記》云：「江出岷山，其源若甕口，可以濫觴，在益州建寧滿江縣。潛行地底，數里至楚都，遂廣十里，名為南江。初在犍為，與青衣水、汶水合。至洛縣，與洛水合。東北至巴郡，與涪水、漢水、白水合。東至長沙，與澧水、沅水、湘水合。至江夏，與沔水合。至潯陽，分為九道。」

　　一柱觀，在荊州。按《渚宮故事》：「宋臨川王義慶代江夏王鎮江陵，於羅公洲上立觀甚大，而唯一柱，麟角類事。江陵臺甚大，唯有一柱，眾梁共之。」

　　舊注俱云崔之失志，每每向人傾倒懷抱。愚謂既云「無使來」，公何由知其傾倒也。且梗此句在內，與下「故憑」二字不接。惟公懷崔之至，向人即訪其消息，故曰「懷抱向人盡」，此公自憐其懷抱也。懷抱既向人盡矣，卒無使者來一問其平安與否，「故憑」云云也。一直下，甚為有情。

　　囑付雙淚好，好過瞿塘灩澦堆，思甚奇，意卻甚苦。賴錦水之順流將之，又懼灩澦之險波阻之，堪與《懷李白》詩「水深波浪闊，無使蛟龍得」並讀。

　　通首俱是苦憶。曰「醉司馬」者，望其醉而忘遷謫也。曰「定常開」者，未可定之詞也。曰「醒何處」者，既憶其醉，又憶其醒，然不知果在何處也。曰「眠幾回」者，不知其曾幾同眠也。直至逢人便問，懷抱盡人而傾，終無使來，真一無可憑矣。所憑者，雙淚而已。又懼瞿塘天險阻之而不能過，此所以為苦憶也與？

　　黃漢臣曰：「瑣瑣屑屑，顛顛倒倒，纏綿之極。若入《子夜》、《竹枝》體，不知添幾許情致宛轉矣。此則莽直悲涼，轉益疏落，此少陵所以稱老手也。」

送韓十四江東省覲

　　兵戈不見老萊衣，歎息人間萬事非。我已無家尋弟妹，君今何處訪庭闈。黃牛峽靜灘聲轉，白馬江寒樹影稀。此別應須各努力，故鄉猶恐

〔註4〕「謫」，底本誤作「摘」。

未同歸。

　　此公送韓省觀而作。首二句宜泛說，謂自兵戈以來，父母妻子離散，人之不能如老萊子衣班斕而事親者多矣，因歎息世間之人有親且不得事，則萬事俱非又何足道，故次聯緊接「我尋弟妹」、「君訪庭闈」。

　　公家在長安，而弟妹不在長安家中，故曰「無家尋弟妹」。江淮、吳會，皆名江東。時江淮大饑，民聚山谷為盜，故曰「何處訪庭闈」。

　　《水經》：「江水又東，逕黃牛山。」注曰：「黃牛灘南岸重嶺疊起，最外高崖間有色，如人負刀牽牛，人黑牛黃，成就分明。此崖既高，加江湍紆回，雖途經信宿，猶望見此牛。故行者謠曰：『朝發黃牛，暮宿黃牛。』」《寰宇記》：「王僧達為荊州刺史，大水，江溢堤壞，刑白馬祭江神，酹酒於江。水退堤出。」薛道衡詩：「征塗非白馬，水勢類黃牛。」

　　按：峽逢水漲則高下勢成一片，灘石沒而眾聲總歸於一聲。聲以喧而不聞轉折之殊。惟冬後水退，則水勢減喧就靜，而各灘高下嗚咽，曲水每轉一灘，別有一灘之聲，入耳不同。「靜」字、「轉」字，善寫曲折。樹逢零落，則葉影少，只存樹影。寒江陰氣常聚，日光黯淡，故樹影並稀。此言韓到江東訪庭闈，徒黃牛峽、白馬江而去也。曰「靜」、曰「寒」，亦見寇亂淒涼意。

　　韓去則與公別矣。「各努力」者，我尋弟妹，君訪庭闈，須各竭其力也。徒此一別，尋訪各天，恐故鄉猶不得同歸也。韓往江東，既非故鄉；我滯蜀中，亦與汝之不得歸同矣。送故鄉之人，不得為故鄉之歸，臨別倍為黯然。

王十七侍御掄許攜酒至草堂奉寄此詩便請邀高三十五使君同到

　　黃鶴注：「王侍御終於彭州刺史，公有《哭王彭州掄》詩。此詩云：『皂蓋能忘折野梅』，當是上元二年冬作，時高適刺蜀州。高在蜀則有城守，不應可邀至草堂。意是高同崔光遠平段子璋後，崔不能戢將士，以至大掠。天子怒，命適代其節度。至成都，故邀致之。然公今詩不曰高尹而仍謂為高使君，又是年建子月光遠卒，建丑月旋以嚴武為成都尹，則適實未嘗代光遠為尹，或是捫節度事而在成都也。」錢牧齋曰：「唐制，節度使闕，以行軍司馬捫知軍府事，未聞以刺史也。舊史載高適代崔光遠為成都尹，以為捫，非也。」

　　老夫臥穩朝慵起，白屋寒多暖始開。江鸛巧當幽徑浴，鄰雞還過短牆來。繡衣屢許攜家醞，皂蓋能忘折野梅。戲假霜威促山簡，順成一醉習池廻。

題是侍御與使君，卻先從自身及家間為景，便佔地步。白茅覆屋，曰白屋。慵起始開，蕭條之中，具有氣岸。

「暖始開」，只是避寒，氣侯暖而始開也。適見鸛當徑浴，鷄過牆來，此是白屋中常景。如此幽野之中，繡衣皂蓋忽來喧熱，從極冷寫到極炎，布置甚奇。

漢侍御繡衣出討姦猾，治大獄。《續漢志》：「二千石，皂蓋，朱兩幡。」「繡衣」，謂王掄。「皂蓋」，謂高適也。「霜威」，御史霜臺之威，借王促高也。高時為蜀州刺史，故用太守皂蓋，又用襄陽守事以比之。按簡傳，無習池事。惟《襄陽記》有云：「峴山南習郁大池，山季倫每臨此池，大醉而歸。」

白屋之中，短牆幽徑，僅堪供老夫之穩臥，豈復知有繡衣皂蓋？今繡衣之來，止攜家醞；皂蓋之至，僅折野梅。是二公能忘其貴，以與白屋相親也。「一醉習池」，仍醉於野人之池耳。

寄杜位

自成都赴青城時作。

近聞寬法離新州，想見懷歸尚有憂。逐客雖皆萬里去，悲君已是十年流。干戈況復塵隨眼，鬢髮還應雪滿頭。玉壘題書心緒亂，何時更得曲江遊。

王應麟《困學紀聞》云：「按《李林甫傳》：杜位，林甫諸壻也。少陵《杜位宅守歲》詩：『四十明朝過。』《年譜》謂天寶十載，時林甫在相位，盍簪列炬之盛，其炙手之徒歟？又《寄杜位》詩：『近聞寬法離新州。』其流貶新州亦以林甫故。《唐志》：新州屬嶺南道，至京師五千五十二里。」

按：位，公之姪。嘗為考功郎中。以朔州刺史貶新州，時移近郡。觀公《送栢別駕赴江陵》詩題，則位以行軍司馬在江陵矣。「尚有憂」者，雖離貶所，尚未得還鄉也。

逐客皆萬里，流者非止位也。十年流，蓋自天寶十一載至今為十年。公守歲位宅，是天寶十載，明年位即遭貶也。

時段子璋反東川，與江陵逼近，故曰「塵隨眼」。

郭璞《江賦》：「玉壘作東別之標。」李膺《益州記》云：「玉壘在沉黎郡，去蜀城南八百里，即灌縣也。青城山亦在灌縣。」公自注：「位京中有宅，近西曲江。」公從玉壘寄書與位，思共為曲江遊也。後位與公同在嚴武幕，此時

尚未相見。

通首俱用虛字纏綿。近聞朝廷之寬法，不覺為汝喜，即想見汝之歸懷，尚不能無憂。所以如此其憂者，逐客雖皆萬里，悲君已是十年也。況復干戈在眼，歸路難期，還應白髮滿頭，非復少壯，我所以在玉壘而題書寄汝，心緒俱亂也。故鄉之遊不知在於何日耳。此是一紙家書，率真抒寫，不復致飾。曰「近聞」，曰「想見」，曰「尚」，曰「雖皆」，曰「已是」，曰「況復」，曰「還應」，曰「何時」，更得無數虛字，情文歷亂，正寫出「心緒亂」三字，骨肉之誼溢於言外。

龔芝麓曰：「同一貶竄也，鄭虔台州之流，自論死減等，猶曰嚴譴；杜位在新洲，去國萬里，長流十年，始離貶所，乃曰寬法。蓋虔身陷賊中，不能自脫，其情可原。樗散投荒，其罰已酷。當時李峴論崔器、呂　用法深刻，正謂此也。位則林甫之壻，權奸擅國，流毒天下，釀成漁陽鼙鼓之禍，未正典刑，猶有餘憾。觀位於林甫相時，盍簪列炬之盛，氣焰如此。林甫既敗，僅加貶謫，復從量移，可不謂曠蕩之恩乎？只嚴譴、寬法四字，便見老杜《春秋》之筆。」

陪李七司馬皂江上觀造竹橋即日成往來之人免冬寒入水聊題短作簡李公

黃鶴曰：「梁權道編此詩在寶應元年成都作，然後又詩題云《李司馬橋了承高使君自成都回》，則橋不在成都，詩亦不在成都作，甚明。當是上元元年在蜀州作。」

《寰宇記》：「郫江，一名皂江，自永康軍百丈水南流入蜀州江源界。」《方輿勝覽》：「皂江水環郡城中。」

伐木為橋結構同，褰裳不涉往來通。天寒白鶴歸華表，日落青龍見水中。顧我老非題柱客，知君才是濟用功。合歡卻笑千年事，驅石何時到海東。

題本是造竹橋，卻云伐木為橋，言其制度之堅密，不異木橋也，故曰「結構同」。《詩》：「褰裳涉溱。」往來皆通，無寒涉之患，便含「合歡」二字。

胡孝轅曰：「《異苑》：『太康二年冬，大雪，南州人見二白鶴語於橋下曰：今寒不減堯崩年也。』」用此事。舊注作丁令威化鶴事，誤。《楚辭》：「麾蛟龍以梁津。」橋可稱龍，又橋以竹造，兼借費長房陂竹化為龍事。上句言橋，下

句言竹橋也。舊注俱誤。

《華陽國志》：「蜀城北十里有昇仙橋、送客觀。司馬相如初入長安，題其柱曰：大丈夫不乘赤車駟馬，不過汝下也。」《書》：「若濟巨川，用汝作舟楫。」此言我已衰老，無復用世之志。若李君者，實濟川才也。

「合歡」，謂造橋與觀橋者共落其成，並往來通濟之人無不歡欣鼓舞也。「笑」字從「歡」字來。惟歡其即日成，故笑其千載無成。

《齊地理志》：「秦始皇作石橋，欲過海觀日出處。有神人驅石下海，石去不速，神輒鞭之，石皆流血。」「千年事」、「何時到」俱對「即日」說。「驅石」對「竹橋」說。驅石之難成，不若竹橋之易成也。

江上值水如海勢聊短述

題云「江上值水如海勢」，篇中不言海勢，聊短述而已。「水檻」二句正是短述也。寶應元年春作。

為人性僻耽佳句，語不驚人死不休。老去詩篇渾漫興，春來花鳥莫深愁。新添水檻供垂釣，故著浮槎替入舟。焉得思如陶謝手，令渠述作與同遊。

此公自敘一生從少壯至老，以此自定為人，即以此自定為詩。首「為人」二字與孔子「女奚不曰其為人也」同。為人有為人之性，而公之性獨僻耽佳句者，其性之僻也。一句中三四層折。「語不驚人死不休」，自狀其耽佳句之僻性。次句解上句法。然此皆少壯時事。在少壯時謂此僻性，雖死不休，不意老去而詩篇大不然，只渾漫興而已。回思耽佳句之時，必欲作驚人語，何其僻也！

「春來」，謂老去之春也。「莫深愁」，從花鳥說，甚奇。刻畫萬物之情狀，使無得遁於吾之筆下，此亦花鳥所深愁也。公自狀其詩能令人驚，又能令花鳥愁，正與狀美人者，鳥見之高飛，魚見之深潛同一意。今花鳥且莫愁，況驚人乎！此所云「渾漫興」也。

「新添水檻供垂釣」，則是再修水檻時也。按：公廣德二年作《水檻》詩云：「遊子久在外，門戶無人持。高岸尚為谷，何傷浮柱欹。」是公自閬州歸，水檻已欹損矣。今云「新添」，當是寶應元年春也。浮槎替舟，則不能泛海可知。二句總言海勢之難狀，故短述如此。

短述只此二句，遂緊接云「焉得思如陶謝手，令渠述作與同遊」。公有

「晚年詩法窺陶謝」之句，至老而始思陶謝手，可見耽佳句時反未免忽之，至以述作讓之。渠願附同遊之列，正不耽佳句之一証也。若必欲形容水如海勢，仍未免欲作驚人語。聊短述者，渾漫興也。舊注謂水如海勢，非短述所能盡，還須讓之陶謝，尚隔一層。

盧德水曰：「『安得』二句，恨我不見古人，恨古人不見我，兩意俱有。漢祖歌大風而惜世少韓、彭，阮籍登廣武而歎時無劉、項，千古英人，同一感慨。」

宋人嘗謂詩家如淵明，猶孔門視伯夷，誠為確論。然則集大成手，當還子美。子美渾涵汪洋，千匯萬狀，兼古今而有之。乃歉然不居，追思陶、謝述作，識力愈老，意念愈下，豈復作驚人之想？公《絕句》云：「熟知二謝將能事，頗學陰何苦用心。」可見二謝之能事正在不苦用心處。

黃漢臣曰：「老杜論詩，不一而足。此只輕輕拈出『漫興』二字，善作賦者謂有意無意之間，漫興之妙恰在個中，卻從水勢如海，觸景興懷。昔人論文，取義於風水相遭。東坡亦云：『吾文如萬斛之泉，隨地而出，行乎不得不行，止乎不得不止。』皆為『漫興』二字寫照。公之借水論文，正此意也。到此則曲折變化，歸於自然。性癖耽佳，語必驚人，種種文人習氣俱用不著，直是禪家懸崖撒手，心空及第時，非陶、謝誰足當之？靖節詩沖和閒淡，世所共知。至靈運之春艸池塘，玄暉之澄江靜練，皆絕去雕績，與『采菊東籬下，悠然見南山』相為伯仲。宜公之瓣香必以陶、謝兼舉也。然則退之以光燄萬丈推尊，微之以排比鋪陳，歎為獨絕，尚未窺公。末後句在『文章千古事，得失寸心知』，公豈欺我哉？」

奉酬嚴公寄題野亭之作

黃鶴曰：「稱公而不曰鄭公，未封鄭也。此為中丞大夫時，故後篇云中丞嚴公『枉沐旌麾』，即中丞枉駕見過也。寶應元年作。」

拾遺曾奏數行書，懶性從來水竹居。奉引濫騎沙苑馬，幽棲真釣錦江魚。謝安不倦登臨費，阮籍焉知禮法疏。枉沐旌麾出城府，草茅無徑欲教鋤。

按：公為左拾遺，上疏救房琯，此所云「曾奏數行書」也。因疏奏貶官華州，後遂棄官，從此便水竹居矣。

唐拾遺職掌諷諫及供奉。趙次公曰：「拾遺掌供奉，則騎馬以奉引。」師

古曰：「唐於沙苑置坊監養馬。」公有《沙苑行》。此句承「拾遺」，「幽棲」句承「懶性」，言昔乘官馬以充奉引，實為冒濫。今日幽棲釣魚，乃真適也。

晉謝安於土山營墅，樓館林竹甚盛，子姓往來遊集，肴膳亦屢費百金。此喻嚴公屢過草堂，攜酒饌遺無倦色。阮籍性疏懶，禮法之士疾之如讎。孔毅夫《續世說》：「嚴武為成都尹，甫與武世舊，待遇甚隆。於浣溪里種竹植木，結廬枕江，縱酒吟詠，與田畯野老相蕩狎。武過之，有時不冠，故武詩云：『何須不著鵕鸃冠』，而公解其嘲曰『阮籍焉知禮法疏』也。」

《卜居賦》：「寧誅鋤草茅以力耕乎？」洪容齋《隨筆》曰：「古人酬和詩必答其來意，如武寄杜云『興發會能馳駿馬，終須重到使君灘』，杜則云『枉沐旌麾出城府，草茅無徑欲教鋤』，所云和意也。」

上四句相承，顯然易見。下四句以謝安比嚴，起下『枉沐』；以阮籍自比，起下『草茅』。通首章法湊逼，人未看出。惟「不倦登臨」，故能枉旌以出府；惟「焉知禮法」，故雖茅徑亦不鋤。至於旌麾出矣，而始欲教鋤。鋤必待教，教鋤而曰欲，正見禮法之疏，並上幽棲、懶性一齊收拾。八句只如一句。

附嚴武《寄題杜二錦江野亭》

漫向江頭把釣竿，懶眠沙草愛風湍。莫倚善題鸚鵡賦，何須不著鵕鸃冠。腹中書籍幽時曬，肘後醫方靜處看。興發會能馳駿馬，終須重到使君灘。

黃維章曰：「因嚴有『漫向江頭把釣竿』之句，故杜曰『幽棲真釣』。因嚴有『懶眠沙草愛風湍』之句，故杜曰『從來水竹』。因嚴有『馳馬直到』之句，故杜曰『無徑欲鋤』。句句相映。《新書》鉤簾欲殺甫之語最為誣妄。余觀子美集中詩，凡為武者幾三十篇。送其還朝者曰『江村獨歸處，寂寞養殘生』，喜其再鎮蜀曰『得歸茅屋赴成都，真為文翁再剖符』。此猶武在時語。至哭其歸櫬及《八哀詩》『記室得何遜，韜鈐延子荊』，蓋以自況；『空餘老賓客，身上愧簪纓』，又以自傷。若果有欲殺之怨，必不應眷眷如此。好事者但以武詩有『莫倚善題鸚鵡賦』之句，故用證前說，引黃祖殺禰衡為喻。武寧肯以黃祖自此乎？」

嚴中丞枉駕見過

上元二年十月，崔光遠卒。十一月，合劍南東西兩川為一道，廢東川用節度，以嚴武為成都尹，故曰中丞。此詩寶應元年作。

元戎小隊出郊坰，問柳尋花到野亭。川合東西瞻使節，地分南北任流萍。扁舟不獨如張翰，皂帽應兼似管寧。寂寞江天雲霧裏，何人道有少微星。

《詩》：「元戎十乘。」註：「元，大也。」謂戎車也。用以自隨，非出征，故隊小。

公自註：「嚴自東川除西川，勅令兩川都節制。」以武初鎮東川故也。是時合兩川為一道，故曰「川合東西瞻使節」。自蜀望長安為北，蜀為南。流萍之歎，從南歎也。公家在北，故無日不思，北去則流萍矣。

張翰，字季鷹，會稽人。晉惠朝，齊王同辟為東曹椽。因秋風起，思吳中菰米蓴菜鱸魚，遂引去。管寧，字幼安。漢魏之際，居遼東三十年。魏明帝具安車蒲輪聘之，不就。家貧好學，坐一藜床。五十年，當膝處皆穿。在家嘗著皂帽布裙而已。公正羨二子之得遂其志也。翰以不就東曹椽，故歸吳中。寧以不就魏主聘，故甘家居。二公非無人知之，而決志隱退，得成就其品行之高。公欲兼二子而有之也。

「扁舟」四句緊相呼應。張翰棄東曹椽而歸吳，公以謫官而留蜀，蹤跡相同，人所知也。至管幼安終身不仕，似與公獻賦得官、拾遺抗疏者不同。不知公雖常通籍朝端，及其遭逢喪亂，嶇崎兵火，流離顛沛，久滯西川，扁舟去國，與季鷹畧同；而低頭小冠，杜門吟詠，直與幼安避地遼東，皂帽木榻，若將終身無異。故曰「不獨」，曰「應兼」，則公所竊比可知。下遂接以「何人道有少微星」之句。少微一名處士，正指幼安一輩。昔吳中高士以月犯少微，求死不得，如戴逵、謝敷皆始終不出者，則其占驗所屬可知。公蓋始終以幼安自擬，謂微官之累不如處士之高，至今日而寂寞江天，始得遂煙霞痼疾、泉石膏肓之致耳。「何人道有少微星」，即子瞻漸喜不為人識意也。

李望石曰：「於中丞枉駕之時，反堅野亭處士之志，則知嚴武非能薦公者。不如菰蓴卻聘，寂寞江天，得自存其傲骨。曰『何人道有少微星』，『何人』二字明指嚴公徒枉草廬而不能識公。此語感慨抱負，無所不有，隱然有『中原莫道無麟鳳，自是王家結網疎』之意。誰為披雲霧而見其人者乎？」

嚴公仲夏枉駕草堂兼攜酒饌得寒字

黃鶴曰：「既題云嚴公，則是寶應元年嚴未赴召時作。按舊史，元年四月庚戌朔十八日丁卯，肅宗崩於長生殿。是月二十日己巳，代宗即位。史云代宗

即位召武者，非即位之日也。七月武始還朝，故五月猶能枉駕草堂。」

竹裏行廚洗玉盤，花邊立馬簇金鞍。非關使者徵求急，自識將軍禮數寬。百年地僻柴門迥，五月江深草閣寒。看弄漁舟移白日，老農何有罄交歡。

嚴公自攜酒饌來就公飲，故曰「行廚」。「玉盤」、「金鞍」言嚴公酒饌之盛，從騎之都，足以驚耀隣里，光輝草堂也。

《莊子》：「顏闔守陋閭，魯君之使者至。闔對曰：『恐聽者謬，而貽使者罪，不若審之。』」此言嚴公所以臨草堂者，非因中使徵求處士之急，實由嚴公禮貌賢者，從容寬大也。公詩喜用「寬」字。如「誰家數去酒杯寬」，亦寬展之義。故「禮數寬」只就攜饌枉臨上說，正與公詩「朝廷故舊禮數絕」反看。舊注俱以使者謂嚴公之僕從，以徵求謂嚴使催促行廚，陋劣甚矣。

「百年」，言久也。此地久僻而柴門又迥。今時已當五月，江深而氣猶寒，何敢煩長者之車轍？乃嚴公看弄漁舟，至於競日，老農何所有以罄其交歡也？「何有」應「行廚」。賓主互答，曰「交歡」。單復曰：「何有於老農而盡歡若是，亦有義味。」

野望

黃鶴曰：「公以寶應元年四月送嚴武至綿州，遂入梓州。秋挈家往梓。此必未去綿時，在成都作也。」

西山白雪三城戍，南浦清江萬里橋。海內風塵諸弟隔，天涯涕淚一身遙。惟將遲暮供多病，未有涓埃答聖朝。跨馬出郊時極目，不堪人事日蕭條。

按《高適傳》：「上皇還京，復分劍南為兩節，百姓疲於調度。而西山三城列戍以備吐蕃，適上疏論之，不納。」此言野望之際，遠則見雪嶺，近則見南浦，因思備寇方嚴，流落異地，風塵滿眼，諸弟隔絕，徒自涕淚於天涯而已。今老病侵尋，微忱莫效，志虛存乎立功，而事實歉於報主也。史謂人憐其忠者，其以是夫？

徐儆弦曰：「一身祇以供多病，而不以報聖朝，則天涯涕淚，豈徒以哭吾私。」

曰「極目」，無所不望也。無所不望，而眼中人事無所不蕭條。公之感傷不只在蜀也。明年吐蕃果陷京師，西山諸州皆沒。

秋盡

秋盡東行且未回，茅齋寄在少城隈。籬邊老卻陶潛菊，江上徒逢袁紹杯。雪嶺獨看西日落，劍門猶阻北人來。不辭萬里長為客，懷抱何時得好開。

按：寶應元年七月，嚴武召還，公送至綿州。未幾，蜀有徐知道之亂，因入梓州。是秋自梓州歸迎家，因再往梓，時秋已盡矣。梓州為東川，故云「東行」。「且未廻」者，從此挈家而去，廻茅齋之期未可卜也。

「少城」，城外小城也，張儀所築，在成都大城之西。「隈」，水曲也。公戀戀於茅齋，祇以嚴武既去，又逢知道之亂，不得不捨之而行。曰「寄在」者，未忍割之也。洪容齋《隨筆》曰：「益州刺史治大城，蜀郡太守治少城，皆在成都，猶云大城小城。」

時當秋盡，菊正盛放之時，公既去，則菊任其自老耳。嚴寄公詩有「籬下黃花菊對誰」之句。

《典畧》云：「劉松袁在河朔，三伏之際，盡日酣飲，以避一時之暑，號為河朔飲。」公憶仲夏嚴公枉駕草堂，曾逢避暑之飲。今嚴已入朝，草堂亦虛寄，故曰「徒逢」也。洞陽公曰：「羈旅如此，借袁紹事以言酒言時，隱與秋盡照應。慨歎伏日之飲則有矣，而秋菊之飲則虛度耳。此倒句法，一『徒』字有幹挽力，感慨深至。」

郡二泉曰：「此時雪嶺無人可到，但可望日落而已。徐知道兵據劍閣，故曰『猶阻北人來』。」洞陽公曰：「雪山、劍門皆蜀境，吐蕃叛寇交阻，西北不通，用『西日』、『北人』，閒字見意，感歎時事欲絕。」

按：公自梓至成都移家，復自成都入梓，往來遷徙之勞，匍匐道路之苦，奚啻萬里長為客，然亦不敢辭也。所恨者，既憂身，復憂君。懷抱鬱塞，無時得好開耳。公奉侍嚴詩云「一生懷抱向誰開」，然則公之懷抱雖向武猶未開也。又云「春來準擬開懷久」，是必離蜀而後得開，則好開真未有時矣。

聞官軍收河南河北

錢牧齋曰：「寶應元年十一月，官軍破賊於洛陽，進取東都。河南平，朝義走河北，李懷仙斬其首以獻，河北平。此詩公在劍外聞捷書而作也。《通鑑》：『廣德元年十月，雍王適為天下兵馬元帥，僕固懷恩副之，討史朝義，發官軍至洛陽。朝義東走，懷恩進克東京，使其子瑒追及莫州，圍之。明年正

月，朝義犯圍，北走幽州，李懷仙遣兵追之。朝義窮蹙，自縊於林中。懷仙斬其首，以幽州降，田承嗣以莫州降。』此所云收薊北也，似誤一年。」

劍外忽傳收薊北，初聞涕淚滿衣裳。卻看妻子愁何在，漫捲詩書喜欲狂。白首放歌須縱酒，青春作伴好還鄉。即從巴峽穿巫峽，便下襄陽向洛陽。

薊北之信，公真眼欲穿。滿腔願望，忽從劍外遙傳而來，似信非信。「忽傳」二字便驚喜欲絕。

初聞而先之涕淚，為君而涕淚也。曰「滿衣裳」，一腔忠悃，不自知其橫溢矣。「卻看妻子」，然後及妻子也。此時我之愁已不知何在矣。「漫捲詩書」，意即欲歸也。隨卷隨喜，喜而欲狂，於是且放歌，且縱酒，幾忘其首之白，而狂態莫禁也。當此春色，伴我長途，此行非他適，正好還鄉也。

巴縣有巴峽，巫山縣有巫峽。襄陽屬楚。公先為襄陽人，祖依藝為鞏令，徙河南。父閑為奉天令，又徙杜陵。公生於杜陵，其田園則在洛陽也。此二何言還鄉之所經歷。峽險而狹，故曰「穿」字。襄水順而易，故曰「下」。

黃維章曰：「杜詩之妙，有以意勝者，有以篇法勝者，有以俚質勝者，有以倉卒造狀勝者。此詩之『忽傳』、『初聞』、『卻看』、『漫捲』、『即從』、『便下』，倉卒間寫出欲歌欲哭之狀，使人千載如見。」

野望

寶應元年十一往射洪作。

金華山北涪水西，仲冬風日始淒淒。山連越嶲蟠三蜀，水散巴渝下五溪。獨鶴不知何事舞，飢烏似欲向人啼。射洪春酒寒仍綠，目極傷神誰為攜。

題是「野望」，山遙水遠，還題「野」字。首句是遠望所見。次聯以山水二字分承，與《立春》、《吹笛》二詩同格。結到無酒可飲，益增野望之況。「目極」二字明點「望」字。

《方輿勝覽》：「金華山在梓州射洪縣。」《寰宇記》：「涪江在郪縣西二百里，自涪城縣東南流入縣界，合中江東流入射洪縣界。」《水經》云：「涪江水又東南合射江。」今射洪縣南有此水。

首言山水環抱，陸盡蜀界，波連楚界，包舉弘闊。曰「仲冬風日始淒淒」，冬候寒遲，善寫地密氣溫之狀。

《寰宇記》：「嶲州越嶲郡本益州西南外夷地，漢武帝以邛都之地為越嶲郡。郡有越水、嶲水，皆出深羌界，南歷本郡，故名越嶲郡。」「三蜀」，注見前。

《寰宇記》：「巴州北水，一名巴嶺水，一名渝川水，一名宕渠水。渝川今隸巴縣。」郭槖《酉陽正俎》云：「五溪皆槃瓠子孫所居，其後為巴。春秋時，楚子滅巴，巴子兄弟五人流入五溪，各為一溪之長。至秦昭襄王伐楚，取其地，因謂之五溪蠻。」五溪之間，與巴渝同俗，其地相錯坾然也。故杜詩云「水散巴渝下五溪」。

按：曰「連」則勢甚長，曰「蟠」則又蓄縮，曰「散」則勢甚分，曰「下」則又合流。四字中山水之遠近皆見。

郭青螺曰：「金華山之北，涪水之西，仲冬風日始覺淒淒，寒何遲也。山連越嶲，蟠為三蜀，隣於滇水也。水散巴渝，下流五溪，隣於楚也。俱在南荒，其寒之晚無足異者。」

獨鶴、飢烏亦野望所見，公當此風目正淒，觸景愁悶。見獨鶴之舞，不知其何事而舞，如所云『盤渦鷺浴底心性』也。飢烏之啼，似欲向人而啼，不覺與之同悲也。一舞一啼，堪寫欲哭欲歌之景。

《元和郡縣志》：「梓潼水與涪江合流，急如箭奔，射涪江口。蜀人謂水口為洪，因名射洪。」酒煖色綠，射洪寒輕，故酒仍綠也。「寒仍綠」應「始淒淒」。公當極目野望之際，無限傷神，無人攜酒以消愁，倍增客行之傷感耳。

嚴顥亭曰：「射洪春酒，至寒仍綠，目極傷神，無有攜來。醉翁之意豈在酒哉？益見其獨且饑也。若果因射洪之酒，極目傷神以望之，非所以語公矣。」

奉寄別馬巴州

巴州在閬州東，今為巴縣。公自注：「時除京兆功曹，在東川。」

勳業終歸馬伏波，功曹非復漢蕭何。扁舟繫纜沙邊久，南國浮雲水上多。獨把魚竿終遠去，難隨鳥翼一相過。知君未愛春湖色，興在驪駒白玉珂。

《後漢書》：「馬援，字子淵，封伏波將軍。」「勳業終歸」，以伏波期巴州也。

《西溪叢語》:「劉貢父以蕭何未嘗為功曹,疑此詩為誤。」〔註5〕按《史·高祖紀》:「蕭何為沛主吏椽。」孟康注曰:「主吏,功曹也。」《吳志》:「孫策謂虞翻曰:『孤有征討事,未得還府,卿復以功曹為吾蕭何守會稽耳。』」今曰「功曹非復漢蕭何」,非止用功曹故事,蓋公有大志,恒以稷、契自許,區區蕭何已非其素志,況所補之功曹不過一軍秩耳,非復蕭何之功曹也。伏波之勳業,當終歸馬巴州;而蕭何之功曹,誰比公為蕭何者?蕭何且不能比,又何怪其志在雲水間,長為漁翁以終老也。

公久欲南下,故繫舟沙邊,因言南國雲水相接,終當持竿作老漁,但恨不能奮飛,一別巴州而遠去耳。

「春湖」,乃巴州之春湖。「未愛春湖」,言馬欲離之而去也。舊注俱云洞庭湖。公欲下荊南馬巴州,豈亦欲下荊南乎?

《前漢書·儒林傳》:「王式為博士,既至舍,共持酒肉勞式。博士江公心嫉式,謂歌吹生曰:『歌驪駒。』其詞曰:驪駒在門,僕夫具存。驪駒在路,僕夫整駕。」珂,馬口中鳴珂也,以白玉為之。舊注俱云:巴州之興,不在洞庭,而在鳴玉趨朝也。愚按:驪駒之歌乃速其出門者。此亦止言出門之興,且不必說到早朝。公意云:同一欲去也,我之志則在雲水,故雖有功曹之召而不赴。巴州之興則在歌驪駒以速離巴州,宜伏波勳業可終歸也。

送路六侍御入朝

童稚情親四十年,中間消息兩茫然。更為後會知何地,忽漫相逢是別筵。不分桃花紅勝錦,生憎柳絮白於綿。劍南春色還無賴,觸忤愁人到酒邊。

公與路六侍御係總角交,今屈指四十年矣,中間音問不通,方切思念,忽爾相逢,又是別筵。會合之難,離別之易如此,公所以深感也。先曰「後會」,後曰「相逢」,是倒插句法。

桃花、柳絮本可悅之景,曰「紅勝錦」、「白於綿」,益見其可悅,然非愁人所願見,故曰「不分」,曰「生憎」。不分即不忿也,正是忿意。公善以方言里諺點化入詩句中。

〔註5〕姚寬《西溪叢語》卷上:「《劉貢父詩話》云:『文人用事誤錯雖有缺失,然不害其美。杜甫云:功曹非復漢蕭何。據光武謂鄧禹何以不掾功曹。又,曹參嘗為功曹。云酇侯,非也。』按:蕭何為主吏掾,即功曹也。注在《史記·高祖紀》。貢父博洽,何為不知?杜謂之詩史未嘗誤用事。」

「春色還無賴」，言桃花柳絮狼藉無賴也。酒筵原是歡會，今以相別之故，彼此含愁，於茲乃見親情之久。花絮飄落於酒筵之傍，適以忤其心而觸其愁，益見其無賴耳。

按：此詩正從相反處形出親情。首曰四十年乃消息茫然，則時雖多而會期無幾也。本喜今日之相逢，乃先之以後會無地，則自此以往，又不知幾何年始得會也。桃紅柳白，正堪佐歡會之筵，乃見之而憎，觸之而愁。春色無賴，此會益增無賴也。對酒即可消愁，乃酒邊皆愁，有觸皆忤，舉目是離筵別緒也。寫出童稚親情，藹然慘然。

涪城縣香積寺官閣

黃鶴曰：「長安亦有香積寺，代宗為元帥，率領諸軍屯於香積寺是也。此寺在梓州涪城縣，故以涪城縣冠之。涪城在梓州西北。」《寰宇記》：「香積山在涪城縣東南三里，北枕涪江。」

寺下春江深不流，山腰官閣迥添愁。含風翠壁孤雲細，背日丹楓萬木稠。小院迴廊春寂寂，浴鳧飛鷺晚悠悠。諸天合在藤蘿外，昏黑應須到上頭。

按：香積山頂上有寺，中有官閣寺，冠山附江，而山腰之閣又臨流也。首曰「寺下」，末曰「上頭」，俯仰一山，盡該八句中。

公每言愁言悶，說來卻不見可愁可悶。如此詩「江深不流」，寫出浪恬風靜，何故便愁。公至山腰迎官之閣，迥然添愁。此不可解也。

含風翠壁，背日丹楓，此是山腰之景。惟含風，故翠愈顯。山壁翠，無煙霧之迷，故但見孤雲之細。因背日，故丹愈明。楓色丹，映萬木之色，故益覺萬木之稠。春天不應有楓丹，應是偶有楓樹，故預言之。

「小院迴廊」，指「官閣」言。「浴鳧飛鷺」，指「春江」言。公總因流離遷徙，懷鄉念國，觸景皆愁，故合四句皆「迥添愁」也。

「諸天」，寺中之神佛也。寺踞山之最高處，公在山腰望之，藤蘿遮蔽，隱隱若即，而實不可見，故作遙擬之詞曰「諸天合在藤蘿外」。「昏黑」，諸注俱云日莫。愚謂即藤蘿之昏黑也。山腰之景迥然而明，藤蘿之外杳然而昏，總形容諸天之高。高在上，應須到上頭始知之。今則藤蘿昏黑，不易辨也。若作日莫，便直遂無理趣矣。偽蘇注造為常惊侍煬帝遊寶山，帝曰：「幾時到上頭？」惊曰：「昏黑應須到上頭。」諸注無不沿襲，堪供大噱。

又送辛員外

《魯嘗年譜》云：「公送辛員外暫至綿。」今詩云「直到綿州始分首」，則魯之說為是。廣德元年作。

惠義寺在梓州。此公於惠義寺園餞送辛員外作也。先有絕句，故此云「又送」。

雙峰寂寂對春臺，萬竹青青照客杯。細草留連侵坐軟，殘花悵望近人開。同舟昨日何由得，並馬今朝未擬回。直到綿州始分首，江邊樹裏共誰來。

首四句皆寫惠義寺園別筵之景。雙峰寂寂，萬竹青青，景物不移，行旌已動，最是送別悵懷。寂寂而對春臺，臺皆春色；青青而照客杯，杯以祖行。於春色留連、杯酒勸酬之際，正有不能不分首之意，故下再申言二句。

細草本無情之物，當此若留連而侵坐，坐為之軟，是細草解留人也。「侵坐軟」，見可久坐之意。殘花本即去之景，當此若悵望而近人，殘而復開，是殘花又留人也。「近人開」，見不忍離人之意。

下四句言不忍別之況，隔日必與諸公為泛舟之遊。「何由得」，言佳會難再也。感歎昨日之同舟亦不可再得，則昨日猶未別，今朝則已行矣。今朝雖行，猶當並馬而去，此去亦未擬即回，是今朝猶並馬也。直到綿州，則不得不分首矣，預道惜別之詞。江頭樹裏，公之歸路也。辛已別去，公則獨歸。曰「共誰來」，別況淒其欲絕，送客之途已盡，送客之情無已。公於員外繾綣綢繆如此，真有黯然銷魂，不能自持者與？

送王十五判官扶侍還黔中得開字

大家東征逐子回，風生洲渚錦帆開。青青竹筍迎船出，白白江魚入饌來。離別不堪無限意，艱危須仗濟時才。黔陽信使應稀少，莫怪頻頻勸酒杯。

家，音姑，尊長之稱，如婦之於姑也。漢和帝號曹世叔之妻班昭為大家。子穀，為陳留長垣縣長。大家隨至官，作《東征賦》，曰：「余隨子乎東征。」曹之東征，言其之官之時。王十五之侍母乃之官後復還家也，因其欲歸，遡其初至。舊注謂侍母之官，誤。

張瑄《疑耀》曰：「楊用修謂大家東征逐子回，須改『逐』為『將』乃佳。因《詩》有『不遑將母』。又，《古樂府》：『一母將九雛。』杜豈不知者？其用

『逐』字，原有深意。婦人三從，其一從子，逐即從義也。意不在將而在從，語不以從而以逐，正詩家三昧。以『將』字易之，不亦淺乎？」

風生洲渚，為王送行也。侍母而行，風亦送之。公羨其開帆，為侍母歸羨也。

竹筍、江魚隱用孟宗姜詩事，言王侍母歸養，不待到家，自有迎船之筍、入饌之魚也。

王伯厚《地理通釋》：「黔中，漢改為武陵郡。今鼎、澧、辰、沅，黔州之地。」按：詩中有「回」字，題中有「還」字，王判官必黔陽人宦於蜀者。今奉母歸養，故公與王別也。不堪而有無限意者，以今日蜀中安危全仗其才堪濟，乃一旦扶侍而歸，故深為蜀中惜耳。洞陽公曰：「是期願意，欲其早還任也。從此相隔，黔陽甚遠，安得有信使往來？臨別之際，不覺勸酒頻頻也。」前四句言王之歸養，後四句公與王別之情，諸注支離不達。

黃草

黃草峽西船不歸，赤甲山下行人稀。秦中驛使無消息，蜀道兵戈有是非。萬里秋風吹錦水，誰家別淚濕羅衣。莫愁劍閣終堪據，聞道松州已被圍。

《水經注》：「涪州之西有黃草峽，山高險絕。」赤甲山在夔州。此言道路梗塞，水行之船不得歸，陸行之人亦稀少也。洞陽公曰：「敘得涪州、夔州各方叛亂，只『船不歸』、『行人稀』自見。」

「秦中驛使」，黃鶴注謂李之芳使吐蕃，非也。廣德元年，吐蕃逼長安，代宗出幸陝州，吐蕃立廣武承宏為帝。此莫大之變也。公時在梓州，思念秦中，莫得其消息，謂置郵之傳無如驛使，今並驛使不通，故念之切也。「蜀道兵戈」，指徐知道之亂。「有是非」者，相傳失真，疑是疑非也。公辭成都草堂，至梓纔百里，而是非莫得其真傳，亂離景象大率如此。

公甫離成都，其魂夢猶在萬里橋、錦江水。故憶去年知道之亂，不知誰家飄散，別淚沾襟也。曰「秋風」，曰「羅衣」，其亂正在初秋時。

考《紀事本末》，廣德元年十二月，吐蕃陷松、維、保三州，西川節度使高適不能救，於是劍南、西山諸州亦入於吐蕃。公作此詩時，已聞被圍，尚未陷也。去年八月，知道已為其下所殺，故不愁劍閣之終據，而祗憂松州之被圍。劍閣之據，事之易解者也。松州之圍，事之逼切者也。曰「莫愁終堪據」，

曰「聞道已被圍」，讀去了然。

按：此詩諸注俱云指崔旰叛蜀。考崔旰之殺郭英乂在永泰元年，兩年前松州已陷，安得云「聞道被圍」？且崔旰未嘗據劍閣也。至云嚴武破吐蕃七萬眾之後，吐蕃又圍松州，按史未嘗有再圍之事。黃鶴曰：「是時公在梓閬，不應言錦水，殆是因兵戈而思成都，故云『黃草峽西船不歸，赤甲山下行人稀』，亦是因山南之亂而言，非公在夔州作也。」良是良是。

公《代閬州王使君論蜀安危表》云：「吐蕃今下松、維等州，成都已不安矣。」然則松州之圍繫成都之安危，故公不愁劍閣之據而愁松州之圍也。此詩在閬州作無疑。

黃漢臣曰：「『莫愁』二句，此解最確。考唐史，自安史亂後，無論河朔三鎮自相傳襲，負固抗衡，即淄、青、昭、義、準、蔡、滄、景，亦叛服不常，連兵動眾，然後克定。惟蜀則崔旰、知道，頃刻削平；劉開之叛，偏師直指，立就誅夷。此後雖雄畧如韋皋，跋扈如高駢，不敢輒萌異心。故高崇文謂西川乃宰相迴翔之地。蓋一則唐都長安去蜀咫尺，討叛之師朝發暮至；一則山川斗絕，遠隣異域，無叛逆之黨犬牙相錯，合從連衡，故不能阻兵割據。惟土曠人稀，武備素弱，征戍之役轉餉艱難，常不能禦西戎之入，故吐蕃奔突之禍，中於蜀者，與唐終始，則兩川之患不在藩鎮而在吐蕃。少陵二語可云善於籌邊，孰謂僅以詩豪哉？」

登高

風急天高猿嘯哀，渚清沙白鳥飛回。無邊落木蕭蕭下，不盡長江滾滾來。萬里悲秋常作客，百年多病獨登臺。艱難苦恨繁霜鬢，潦倒新停濁酒杯。

題曰「登高」，前四句皆臺上所見之景，瓜急天高，秋氣之肅，故猿嘯而哀。渚清沙白，秋江可愛，故鳥飛復回。

詩人下雙字，各有旨趣。「蕭蕭下」、「滾滾來」，其旨趣全在「無邊」、「不盡」四字中。止言「落木」，猶易形容其下之聲。曰「無邊落木」，則非「蕭蕭下」不足以肖其聲。止言「長江」，猶易摹寫其來之勢。曰「不盡長江」，則非「滾滾來」不足以狀其勢。

黃維章曰：「居里而望，木落有邊，江來有盡，以阻於見也。惟從高處遙看，處處木聲，蕭蕭盡入耳中；處處江勢，滾讀如來足下；恰是實景。」

《鶴林玉露》曰：「杜詩『萬里悲秋常作客，百年多病獨登臺』，蓋萬里，地之遠也；秋，時之悽慘也；作客，羇旅也；常作客，久旅也；百年，齒暮也。多病，衰疾也；臺，高迥處也；獨登臺，無親朋也。十四字之間含八意，而對偶又精確。」邵二泉曰：「宋玉悲秋，馬卿多病，公隱以自況。」

公因容久，故艱難備嘗；因病多，故潦倒日甚。是以白髮彌添，酒杯難進。當此登臨，不自知其百憂交集也。遣恨藉酒，因病新停，故苦恨難遣。

范叔子曰：「此詩諸家評者皆云當為七律壓卷，獨惜結語卑弱，勢遂不振。」胡元瑞曰：「前六何既極飛揚震動，只如此軟冷收之，無限悲涼之意溢於言外，似未為不稱也。」

九日

廣德元年梓州作。

去年登高郪縣北，今日重在涪江濱。苦遭白髮不相放，羞見黃花無數新。世亂鬱鬱久為客，路難悠悠長傍人。酒闌卻憶十年事，腸斷驪山清路塵。

「郪縣」，梓州傍郭之縣。公去年九月在梓州，涪江在郪縣西二百里，自涪城縣東南流入縣界，今年九日又在梓州也。白髮、黃花，本屬常景，妙在以「苦遭」、「不放」、「羞見」、「無數」諸俚俗字變成奇意。

忽而去年，忽而今日，安怪白變之不放，黃花之日新？乃髮自白也，花自黃也。而世之亂如故，則久為客矣，未有久為客而不鬱鬱者。且路之難日甚，則長傍人矣，未有長傍人而不悠悠者。「鬱鬱」、「悠悠」四字寫出白髮、遭黃花之故。

既鬱鬱矣，悠悠矣，白髮苦遭，黃花羞見，公亦任光陰之荏苒，歲序之摧頹，不復有自奮之志矣。乃酒闌之後，卻復不然。今之苦髮，今之羞花，今之鬱鬱悠悠，固老人之態也，而十年之前則非復老人之態也。

十年之前，世未亂也，路未難也。曾憶上皇，每當十月，則臨幸驪山。山下有華清宮，必清蹕道以幸之。此正太平無事時也。此時何嘗作客，亦何意今日之久為客？此時何嘗傍人，亦何意今日之長傍人？未有酒闌而不追思、追思而不腸斷者也。其腸斷處，正傷太平臨幸之地而不可復至，仍是恨為客、恨傍人意。特舉驪山最盛事以為言，其中包含無限。公詩：「寂寞驪山道，清秋草木黃。」

李望石曰：「不曰酒酣而曰酒闌，最切情事。凡人觥籌交錯，履舃雜沓，或不暇追思往事。及乎客散堂空，參樽猶在，感歡娛之易終，追少壯而難再，未有不百感交集者。回首十年，恍惚如夢。驪山臨幸，太平盛事，其可再見乎？吾每誦『夜半醒來紅爐燭，一枝清淚濕珊瑚』之句，為淒其欲絕，然不如『酒闌』二字含蓄無限。」

章梓州橘亭餞成都竇少尹得涼字

廣德元年秋作。是年九月，公至閬。

秋日野亭千橘香，玉杯錦席高雲涼。主人送容何所作，音佐。行酒賦詩殊未央。衰老應為難去聲。離別，賢聲此去有輝光。預傳籍籍新京兆，青史無勞數趙張。

「主人」，章彝也。章送竇於野亭，其時物則千橘正香，其天氣則高雲生涼。玉杯行酒，錦席賦詩，觀主人之情殊未有已，則陪宴者之情亦宜有不能自己者。

主人有無已之情，而物力足以佐之，野亭千橘、錦席玉杯是也；興復足以佐之，行酒賦詩是也。說得何等富麗，又何等壯盛。忽接「衰老」二字，便於極熱場忽添冰雪衰老之人，於上數件無一有，則無一可將以餞行，惟有難於離別之情而已，惟祝「賢聲此去有輝光」，以輝光吾之衰老而已。

成都號南京，竇已為成都少尹，茲因入朝而期為三輔京兆，故曰「籍籍新京兆」。「籍籍」根「賢聲」來。在成都已有賢聲，則為新京兆必更籍籍，此固老人可預期也。

漢趙廣漢，字子都。宣帝朝為京兆尹，發奸摘伏如神。又，張敞，字子高。宣帝朝，尹京兆。九年，吏民語曰：「前有趙張，後有二王。」如竇之賢聲籍籍，載之青史，應不數趙張矣。

此一別也，先譽之以賢聲，再望之以輝光，再期之以籍籍，並祈之以青史，總欲其聲名輝赫，垂映千古。老人之贈，惟此而已，此所以臨別而有甚難也與？蓋主人之玉杯行酒，錦席賦詩，為即席之樂事，而老人別不忍別，惟預祝之私情，亦各盡其不能已者而已。

辟疆園杜詩注解七言律卷之三

觀陽李贊元望石甫閱

梁溪顧　宸修遠甫著

同里黃家舒漢臣甫評

將赴成都草堂途中有作先寄嚴鄭公五首

　　肅宗寶應元年，代宗即位，嚴武自成都召還，為二聖山陵橋道使，封鄭國公，遷黃門侍郎。廣德二年，覆命節度東西川。此詩自閬州歸成都作。

　　得歸茅屋赴成都，真為文翁再剖符。但使閭閻還揖讓，敢論松竹久荒蕪。魚知丙穴由來美，酒憶郫筒不用沽。五馬舊曾諳小徑，幾回書札待潛夫。

　　題是「將赴成都草堂」，五首俱說草堂之事。舊注雜出，止緣不解題意耳。

　　此是途中先寄，通首皆預擬之詞，故以「得歸茅屋」四字總起。曰「得歸」，誌喜也。曰「真為」，喜武果已再鎮也。《漢文帝紀》：「符以代古之珪璋，各分其半，右雷京師，左以與之。」

　　師古曰：「閭，里門也。閻，里中門也。」「但使閭閻還揖讓」，舊注俱云嚴公再鎮，風俗還醇。甚謬。此專指草堂而言。公去草堂未久，彼中閭閻與公素敦隣好。公來意其必還相揖讓也。末首云「歸來已恐隣人非」，正是此意。陶淵明《歸去來辭》：「田園將蕪，胡不歸？」又云：「三逕就荒，松菊猶存。」「但使閭閻還揖讓」，雖松竹荒蕪，亦不敢論也。二句語氣一直下。

　　《蜀都賦》：「嘉魚出於丙穴。」《輿地圖記》：「興州有丙山，山有穴，其口向丙，因名丙穴。每春三月上旬，有魚長七八寸，或二三寸，從穴出躍，名為嘉魚。」《酉陽雜俎》云：「丙穴魚食乳水，食之，令人肥健悅澤。其實，蜀之丙穴蓋不一也。」《成都記》：「成都府西五十里，因水標名，曰郫縣。以竹筒盛美酒，號曰郫筒。包以藕絲，蔽以蕉葉，信宿，馨香達於竹外。」「不用

沽」，言嚴公行廚攜酒，不須公沽也。

漢制：太守駟馬。朝臣出使為太守，增一馬為五馬。嚴公舊嘗至草堂，故云「曾諳小逕」。「幾回書札」，謂嚴公屢以書札相邀。後漢王符隱居著書，號《潛夫論》。公以自況也。

按：公意本急欲赴草堂，故先計其閭閻之還揖讓與否，再憶其松竹之荒蕪與否，因思昔日嚴公供饌之美，酒不用沽，公詩所云「竹裏行廚洗玉盤」是也；更思嚴公枉駕相臨，騶從甚盛，所云「花邊立馬簇金鞍」是也。曰「幾回書札」，曰「待潛夫」，便見嚴公慇懃吐屋之意，所云「非關使者徵求急，自識將軍禮數寬」是也。上七句俱是途中追擬其欲赴之意，幾不能自持。使他人為之，未免譏其躁且急，而公一語作結，云「幾回書札待潛夫」，便將許多躁急心事都付與嚴公，公之善於自立地步如此。此詩章法之妙，諸注俱莫能解。

處處清江帶白蘋，故園猶得見殘春。雪山斥候無兵馬，錦里逢迎有主人。休怪兒童延俗客，不叫鵝鴨惱比鄰。習池未覺風流盡，況復荊州賞更新。

《爾雅》：「萍之大者曰蘋，季春始生。」「清江白蘋」先寫出「殘春」二字。故園，指成都草堂。遷徙無常，竟以初客之地等於故鄉矣。所謂「反望并州作故鄉」也。公計程而行，曰「猶得見殘春」，望赴草堂之速如此。

斥，度。候，望也。望烽燧以探消息也。雪山，西山也。去年冬，吐蕃陷松、維、保三州，西川節度高適不能救，故命武代適，此亦祈望之詞。謂武再鎮，應使西山寇盜盡息，無復有兵馬之擾也。且能從容靜鎮，又不失錦里逢迎之樂。此因先寄武而預祝之。諸注謂指武平吐蕃，拔臨川城而言，此是冬日事。

「休怪兒童延俗客」，昔離草堂之事，謂公既不在，兒童未免延俗客以居。今歸，亦勿以為怪也。公詩「一飯未曾當俗客」，是最憎者，俗客也。因乍歸故居，並不以此嗔兒童，喜俗客去而公得仍居也。公嘗遣弟檢校草堂云「鵝鴨宜長數」〔註1〕，正恐惱比鄰也。此言今歸草堂之事。

山簡鎮荊州，每醉習池。武嘗訪公子於草堂，酣醉賦詩，故以習池比草堂，荊州比嚴公。言嚴公不到草堂纔二年，其流風餘韻，未覺其盡。況受再鎮之命而來，賞又加新矣，總是喜赴而預擬也。

竹寒沙碧浣花溪，橘刺藤梢咫尺迷。過客逕須愁出入，居人不自解

〔註1〕《舍弟占歸草堂檢校聊示此詩》。

東西。書籤藥裹封蛛網，野店山橋送馬蹄。肯藉荒庭春草色，先判一飲
醉如泥。

此首想像草堂之荒蕪，堪與周公《東山》詩「伊威在室，蠨蛸在戶」並讀。
公詩真得《三百篇》之遺者。

竹繁不洗，其寒陰映沙，亦成碧色。橘刺藤梢〔註2〕，咫尺若迷。合上句
「竹寒沙碧」，總寫浣花居久廢荒榛之狀。

「過客逕須愁」，過此而不知出入，故須愁也。「居人不自解」，日在迷之
中，並東西亦不聽也。此正是「咫尺迷」，指溪言。當年名勝之地，公去而荒
蕪至此，亦足見公平日洗剔剪薙，溪水倍增色澤也。

「書籤」二句方指草堂。公《草堂》詩：「傍架齊書帙，看題檢藥囊。」
草堂所有，惟二者而已。剩帙殘裹，至今堪念。曰「封蛛網」，猶堪拂拭也。野
店山橋之馬蹄，皆因訪公而來，所云「豈有文章驚海內，漫勞車馬駐江干」。
因公不在，使野店山橋日送馬蹄，惟有送而無迎也。下字之妙如此。

結語點出荒庭，即承上聯。公詩章法暗遞，每如蛛絲鳥跡，細認始知。即
如此詩，上四句指浣花溪，下四句指草堂，亦無人疏出也。

庭雖荒，而春草之深，翻可藉而醉，故有望於嚴公之臨，亦見庭荒而春色
自在之意。

後漢周澤字穉都，為太常，嘗臥病齋宮，其妻窺問所苦，澤以妻干犯齋
禁，遂收詔獄謝罪。時人為之語曰：「生世不諧，作太常妻。三百五十九日齋，
一日不齋醉如泥。」稗官小說：南海有蟲，無骨，名曰泥，在水中則活，失水
則醉，如一塊泥然。

竹寒藤橘，溪之荒也。春草可藉，庭之荒也。公預擬初至草堂，尚不暇刪
薙蕪穢，而嚴公必來，故曰「先判一飲」。「先」字言不能掃徑以迎，所云「草
茅無徑欲教鋤」也。亦見嚴公禮數之寬，惟以酣飲為樂。公詩云：「軍令分明
數舉杯。」

常苦沙崩損藥欄，也從江檻落風湍。新松恨不高千尺，惡竹應須斬
萬竿。生理祇憑黃閣老，衰顏欲付紫金丹。三年奔走空皮骨，信有人間
行路難。

藥欄、江檻，皆草堂中物。言昔料理草堂，常恐沙崩致損藥欄也，曾設水
檻以防之，蓋江水風則有湍，湍來能致沙崩，沙崩必損藥欄也。落謂阻之使

退落。向者日居其中，猶苦沙崩風湍，何況久荒之餘，不知江檻藥欄猶無恙否也。

公《水檻》詩云：「蒼江多風颿。」又云：「茅軒駕巨浪，焉得不低垂。」可知風湍之甚。風湍遇江檻即落，是湍從檻而落也。「從」字與「落」字照應。舊注增出從俗，可咲。

按：公於草堂，嘗手植四松，詩云「霜骨不甚長，今欲其頓高」也。《斬竹》詩云：「今晨去千竿。」必須多去而繁蕪始清也。公初至草堂，新松恨不能即高，惡竹應須速斬，且一切不事生理，而以此為急務，公之高致可想見。故下接云「生理祇憑黃閣老」。

黃閣老，指嚴武。《國史補》：「兩省相呼為閣老。」武，肅宗至德間為給事中，時公為左拾遺，正聯兩省也。《藥證》云：「紫金大丹，若人服食，化腸為筋，變髓疑骨，自然不死。」曰「祇憑」，見公之不求人也。曰「欲付」，公將殆以藥裹老矣。卜宅時已有「遠漸勾漏令，不得問丹砂」之句，至此而益決也。

自嚴公去後，梓、閬之間，三年奔走，止皮骨在耳。人間行路之難，於今信有之，安得不思息身之地乎？益自幸草堂之復歸也。胡孝轅曰：「『三年奔走』二句承上『衰顏』生下，轉思道在前顛沛，再三諮歎有情。」

考公《草堂》詩云：「賤子且奔走，三年望東吳。弧失暗江海，難為遊五湖。不忍竟捨此，復來薙榛蕪。入門四松在，步屧萬竹疏。」則三年奔走，又似將下荊南之事。時公欲下荊南，必思為五湖之遊。因嚴公再鎮，此遊不果，想胸中亦未嘗忘也。《草堂》詩作於既歸草堂之後，此詩在未赴草堂之先。或「三年奔走」，公先自述懷乎？抑與此詩句偶同而意義各別耶？解者參之。

錦官城西生事微，烏皮几在還思歸。昔去為憂亂兵入，今來已恐鄰人非。側身天地更懷古，回首風塵甘息機。共說總戎雲鳥陣，不妨遊子芰荷衣。

此言城西草堂，其中生事甚微，但留烏皮几在而已，然猶不忍捨而思歸也。烏皮几，以為皮裹几。《高士傳》：「晉宋明不仕，杜門注黃老，孫登惠烏羔皮裹几。」公寄劉峽州四十韻有「憑几烏皮綻」之句，則烏皮几公素所憑，故思之不能捨。

黃鶴注：「公昔去成都，因送嚴武入朝。未幾，徐知道反，遂入梓川。繼以吐蕃入寇，陷松、維州，勢迫返蜀。亂兵似專指羌戎，而賊臣因之為亂也。」

按：公有《南鄰》、《北鄰》詩。南鄰則「錦里先生角巾」，朱山人是也，公所云「多道氣」、「數追隨」者也。北鄰則王明府，公所云「愛酒」、「能詩」者也。又斛斯校書，亦草堂之南鄰。公有詩云：「走覓南鄰愛酒伴」，注云：「斛斯融，吾酒徒也。」諸鄰皆與公舊好焉。得不恐其非時，斛斯子明已沒，鄰人非亦其一也。公詩云：「此老已云歿，鄰人嗟未休。」

毛詩：「不敢不跼」、「不敢不蹐」，正「側身天地」意也。馬援回首往事，甘自息機。公支離東北，無所容身，惟深古人之懷而已。今回首風塵，已有息機之地，登不甘之如飴乎？此二語是追傷既往也。唐以節度使為總戎。《太公六韜》以車騎分為烏雲之陣，烏散而雲飛，變化無窮。《離騷》：「製芰荷以為衣。」隱者之服也。公得嚴公以為歸，雖天涯遊子，漂泊無定，不妨服芰荷而安居矣。

洞陽公曰：「懷古息機，誰可依歸，人盡說惟嚴公耳。『共說』二字，後來無著落。強為作解，終屬未安。一經先憲副拈出，遂使四句俱醒。方是公欲赴草堂之意，方是五首總結語。」

按：五首次曰故園，竟以浣花草堂做故園矣；終曰遊子，猶戀戀於長安也。嚴公雖可暫依，止了目前生事。曰「醉如泥」，曰「甘息機」，公之一身如在醉夢之中，偷安暫息而已。平日稷、契之志，到此冰銷雪冷。公蓋深知武之不能重用公，以申公一生懷抱也。

王阮亭曰：「讀公五詩，想見公居草堂，種竹澆花，大有幽人之志。乃其望嚴公者，不過生理細務，絕不及一毫用世之心。始知公之依嚴，特迫於困窮而非其得已也。豈雲鳥陣、芰荷衣本是相妨，而故反言以諷之也？嗟乎！以董卓之暴尚能重蔡邕，以嚴武之權不能用杜甫，故曰士為知己者死。信哉！」

奉待嚴大夫

正德二年正月，武以黃門侍郎拜成都尹，充劍南節度使。此云大夫，在鎮時兼官也。以後稱鄭公。此武未至時所作。

殊方又喜故人來，重鎮還須濟世才。嘗怪偏裨終日待，不知旌節隔年回。欲辭巴徼啼鶯合，遠下荊門去益催。身老時危思會面，一生懷抱向誰開。

公在殊方，故思故人益切。首句為一己喜。蜀為重鎮，必須濟世奇才。次句為全蜀喜。

偏裨，諸將校也。偏裨愛武，日望其再來。公疑未必有此事，故嘗怪之。不意去年召還，今復再鎮，是纔隔一年而即回也。正是喜極之詞。《唐‧職官志》：「天寶中，緣邊禦戎之地，置八節度使。受命之日，賜之旌節。」

時公欲出巴徼，下荊州。舊解以鵁啼為嬰鳴，喻己與武相合，故不忍辭巴徼而去。陋甚。鵁啼合，暮春時也。鵁，船頭所畫水鳥，藉以作對。此二句正必欲待嚴之辭。言欲辭巴徼而直至啼鵁合之時，欲下荊門而不顧去鵁催之速。若此者，因待故人之故。

所以欲待故人者，因身既衰老，又值干戈滿野，萬一此時不得會面，則一生懷抱更有誰如武者而向之一開乎？公之懷抱，蘊結無限，他人不能知，庶幾及待武來，一為抒寫。其實武非深知公者，以懷抱向武，亦出於無可奈何耳。故公詩云「懷抱何時得好開」。

奉寄高常侍

一云《寄高三十五大夫》。梁權道編在廣德二年閬州作。

汶上相逢年頗多，飛騰無那故人何。總戎楚蜀應全未，方駕曹劉不啻過。今日朝廷須汲黯，中原將帥憶廉頗。天涯春色催遲暮，別淚遙添錦水波。

考天寶四載，與李白、高適遊，在齊、趙境。汶上相逢，正此時也。今憶之年已多矣，又與適同拜拾遺。至今適遂為刑部尚書、散騎常侍，則其飛騰亦極矣，公自傷偃蹇也。

總戎，大將之事。適先除揚州大都督、淮南節度使，出彭、蜀二州刺史。言雖總戎楚、蜀，而其功名正未也。曹、劉，曹植、劉楨也。公贈適詩云：「美名人不及，佳句法如何。」豈獨方駕曹、劉已哉！又云：「獨步詩名在。」

《漢書》：「汲黯在朝，淮南寢謀，又召為淮揚太守，臥而治之。」廉頗，趙良將。漢文帝嘗歎曰：「吾獨不得廉頗、李牧為將，豈憂匈奴哉？」適善言王伯，務功名，尚節義。逢時多難，以安危為己任，故以汲、廉許之。

按：中二聯推適之至，謂言其武則總戎不足以盡其長，言其文則曹、劉不足以方其駕。內而朝廷既須之如汲黯，則入而侍從，不可無其人；外而將帥又憶之如廉頗，則出而寢敵，又無其人。合觀四句，文情緊湊，典致甚雄。

末二句，時適在成都赴召，公寄詩與遙別也。公獨流落於蜀，天涯春色，催其暮景，望故人之飛騰，不覺淚添錦水之波，正「無那故人何」也。

奉寄章十侍御

時初罷梓州刺史、東川留後，將赴朝廷。此當是廣德二年作。

淮海維揚一俊人，金章紫綬照青春。指揮能事回天地，訓練強兵動鬼神。湘西不得歸關羽，河內猶宜借寇恂。朝覲從容問幽仄，勿云江漢有垂綸。

章彝，揚州人。才智過人曰俊。江淹《雜體詩》：「朱黻咸耄士，長纓皆俊人。」金章紫綬，此則刺史之職。

指示曰指，手使曰揮。時段子璋反，章討平之。曰「回天地」、「動鬼神」，可云極詞以譽。

蜀漢先主收江南諸郡，拜關羽為襄陽太守、蕩寇將軍，督荊州事。後漢寇恂，字子翼。光武收河內，拜恂為太守。後移潁川，又移汝南。潁川盜賊群起，車駕南征，恂從至潁川，盜賊悉降，百姓遮道曰：「願從陛下復借寇君一年。」乃留恂。公美章彝善守東川，恐如關與寇之不得去也。關比其任留後，寇比其任刺史。

沈約《恩倖論》：「明揚幽側，惟才是與。」時公將下荊南，故以江漢為言。所云「江湖滿地一漁翁」也。此詩是送其入朝，望彝從幽側而為揚之。曰「勿云」者，反詞以致囑也。

《舊書》：「梓州刺史章彝，初為武判官。及是小不副意，赴成都杖殺之。」按：此詩，武再鎮蜀，彝已入覲矣，豈及其未行而殺之耶？

將赴荊南寄別李劍州

劍州在閬州，今保寧府。廣德二年春，公在閬，欲南遊荊楚。聞嚴武再鎮蜀，遂不果行。

使君高義驅千古，寥落三年坐劍州。但見文翁能化蜀，焉知李廣未封侯。路經灩澦雙蓬鬢，天入滄浪一釣舟。戎馬相逢更何日，春風回首仲宣樓。

唐之刺史乃漢之郡守，故亦稱使君，相沿襲耳。唐制：刺史三年為任。「驅」字與「坐」字緊對。驅則宜任其揮霍，坐則悶守而已。驅千古之才，豈應使三年悶坐劍州？便喚起下二句。

《前漢·循吏傳》：「文翁為蜀郡太守，興教化，起學宮，吏民翕然大化。後為立祠，祭祀不絕。」《史記·李廣傳》：「廣嘗與望氣者王朔燕語曰：『自漢

擊匈奴,廣未嘗不在,然無尺寸功,以得封邑,豈吾相不當侯耶?」此言劍
州之化蜀則所目見,乃三年寥落所以不得遷者,則不可得而知也。兩句合說,
用古圓妙。

《禹貢》:「岷山之江,東為滄浪之水,由灩澦赴滄浪。」本言路程,似屬
平意。曰「雙蓬鬢」,曰「天入」,造語甚奇。驚蜀道之難,則蓬生雙鬢,頭不
能梳也;喜滄浪之淨,則天入釣舟,魚連雲影也。此言將赴荊南。

盛弘之《荊州記》:「當陽縣城樓,王仲宣登之而作賦。後梁高季興重建,
遂名仲宣樓。」公以仲宣自此,云惟登仲宣之樓,回首以望使君耳。公必有感
於劍州之高義也。相逢何日,此是寄別之懷。

滕王亭子

在閬州玉臺山上。閬州,今屬四川保寧府。公廣德二年再至閬作。

按:滕王元嬰,唐高祖第二十二子,柳寶林所生。初為金州刺史,驕縱失
度,高宗以書切責之。遷洪州都督,逼私官屬妻,坐法削戶,謫置滁州,起授
壽州刺史,徙隆州,即閬州也。復不尋法。帝嘗賜諸王綵,以元嬰及蔣王貪
黷,下書曰:「滕叔、蔣弟不須賜。」新、舊《唐書》並云其惡如此,而公詩
乃稱之。或云杜甫《滕王亭》詩,王建詩「搨得滕王蛺蝶圖」,皆稱滕湛然,
非元嬰也。湛然乃元嬰曾孫。天寶十一載,封滕王。十五載,從幸蜀。其滕王
亭子,或是元嬰初造耳。

君王臺榭枕巴山,萬丈丹梯尚可攀。春日鶯啼修竹裏,仙家犬吠白
雲間。清江錦石傷心麗,嫩蕊濃花滿目斑。人到於今歌出牧,來遊此地
不知還。

閬州,古巴子國地,舊謂之巴西郡,故山亦名巴山。《巴志》:「一名天柱
山,張道陵升仙處也。」此亭子在道觀中,且有道陵升仙之跡,故以仙家事詠
之,言尚可躡丹梯而登也。丹梯,山之蹬道。

清江碧石,嫩蘂濃花,亭前之景。江石本麗,今滕王去而麗亦傷心;花蘂
自斑,今亭子存而斑仍滿目。著此二句,以起下人到今思王之意。《西溪叢語》
云:「沈雲卿詩:『園花璹瑁斑。』此詩『斑』字亦有所本。」

梁孝王有修竹園。《神仙傳》:「淮南王丹成上升,雞犬舐其鼎,皆仙去。犬
吠天上,雞鳴雲中。」引兩王以比滕王也。孫綽《蘭亭詩》:「鶯語吟修竹。」

歌出牧,謂王為刺史,有賢聲也。公自梓州挈家到閬,因遊此亭,遂耽賞

而不知還，亦因在閬無聊，借古蹟以遣意耳。

玉臺觀

滕王所造。《方輿勝覽》：「在閬州北七里。」

中天積翠玉臺遙，上帝高居絳節朝。遂有馮夷來擊鼓，始知嬴女善吹簫。江光隱見黿鼉窟，石勢參差烏鵲橋。更肯紅顏生羽翰，便應黃髮老漁樵。

《漢・禮樂志》：「遊閶闔，觀玉臺。」注云：「玉臺，上帝之所居。」松栢重布曰積翠。降節，朝上帝者之儀。李義山詩：「降節飄颻空國來，中元朝拜上清回。」

黃淮章曰：「觀在高處，其中有臺倍高，則樹木翠色俱在亭下。而臺以中央臨四方，故曰『中天積翠』。玉臺原上帝之居，因其命名，故表之曰『上帝高居』。」

《抱朴子・釋鬼》篇曰：「馮夷，華陰人。以八月上庚日渡河溺水死，天帝屬為河伯。」嬴女吹簫，注見前。「遂有」、「始知」，下字俱不苟。玉臺觀乃滕王所造，一旦聳出雲霄，重翠交積，上通仙境，似見諸仙持絳節以朝上帝，遂有馮夷來擊鼓，始知嬴女善吹簫也。若非滕王造此觀，則亦不能，有不復知矣。蓋諸仙既朝，而江中之水神、人間之仙女亦趨蹌效職而不敢後。公之善狀仙境如此。

李〔註3〕華《海賦》：「或屑沒於黿鼉之穴。」《淮南子》：「烏鵲填河成橋而渡織女。」舊注此二句寫觀前之景，若天造地設者然。愚謂此似實景，亦幻況也。江中之水神來擊鼓，而水族為畢出；人間之仙女善吹簫，而織女若下臨。江光石室，蕩漾嵯峨。曰「隱見」，曰「差參」，總是捉摸不定之詞，故下緊接云「更有紅顏生羽翰」。

更有者，言其必無也。相傳神仙故事，上六句羅列略盡其實。絳節朝，誰曾見？擊鼓、吹簫，誰曾聞？黿鼉出沒於海，窟穴安在？織女浪傳渡河，鵲橋又安在也？使昔日所云曾有此事者，而今更有長生不死之紅顏，果生一舉衝天之仙羽，則吾雖齒危髮秀，亦應老於漁樵之中，冀其萬一之遇矣。其實此觀不過滕王所造，而境界高迥，遂使人有飄飄欲仙之思，則三山蓬島之間，又安怪求仙者之紛紛也。公此詩妙在以目前隱躍，可即斷世人無數癡想。

〔註3〕按：「李」，當作「木」。

登樓

按：代宗廣德元年十月，吐蕃陷京師，帝幸陝州。郭子儀收復長安，車駕還。明年春，公在成都，因登樓而有此作也。

花近高樓傷客心，萬方多難此登臨。錦江春色來天地，玉壘浮雲變古今。北極朝廷終不改，西山寇盜莫相侵。可憐後主還祠廟，日暮聊為梁甫吟。

公胸中無限傷心，全在下文，卻不說破。因登高眺望，觸目感懷，即平日所最耽玩者莫如花，亦視為傷心之物矣。蓋高處見花，花又近樓，則花倍分明。客中見花，又當多難，則花亦傷心也。曰「萬方多難」，將野馬氛氳，蒼狗變幻，盡在登臨一覽中。

錦江、玉壘，俱指所見而言。春色日來，天地如故，今錦江之春色未嘗不爛然也。浮雲變幻，古今無常，今玉壘之浮雲亦聚散倏忽耳。隱起下朝廷不改、寇盜莫侵意。

廣德元年十月，吐蕃陷京師，立廣武郡王承宏為帝。郭子儀收京，乘輿反正，故曰「朝廷終不改」。言吐蕃雖立君，終不能改正命也。十二月，吐蕃陷松、維、保三州，西川節度使高適不能救。西山近維州，故曰「西山寇盜」。

《能改齋漫錄》云：「蜀先主祠在成都錦官門外，西挾即武侯祠，東挾即後主祠。所謂『後主還祠廟』者，書所見志慨也。昔齊景公有士三人：田開疆、公孫接、古冶子，恃功，恣行無禮，公患之。晏子請謀去之。公餽之二桃，令計功而食。田、古論功，先食。公孫自慚，刎死。田、古亦慚，俱自刎。孔明歎之，為作《梁父吟》。」

愚按：此詩逐句含脫，格律甚奇，不徒壯麗已也。由登臨見花，先以花起，因見錦江春色、玉壘浮雲，一望而知天地不改，古今無常，因起下朝廷寇盜，末以蜀君臣作結，寓感最深。後主之祠，雖亦是登臨所見，然曰「可憐」，曰「還祠」，具見德澤在蜀人心不忘，以知今日人心未厭唐德也。暗指代宗反京，寇盜不得而侵意，但其用事微婉，使人不覺耳。「日暮聊為梁父吟」，即登臨而日暮也。《梁父吟》原是孔明未出草廬時所吟。公見在朝之小人，如元振、朝恩輩，終日論功邀賞，蔽惑主聰而不悟，恨無出謀去之者，聊為諸葛之吟，隱以除奸君側、匡復漢鼎自任也。一字不閒設，逐句相接遞，故為奇絕。諸注憒憒，俱堪一咲。

李夢沙曰：「如此方合梁父吟意。此解可謂暗室一燈。不然，二句已不相屬，況全首乎！」

題桃樹

廣德二年作。

小徑升堂舊不斜，五株桃樹亦從遮。高秋總饋貧人實，來歲還舒滿眼花。簾戶每宜通乳燕，兒童莫信打慈鴉。寡妻群盜非今日，天下車書正一家。

此詩係公再歸草堂時所作也。升堂，即升草堂也。題屬桃樹，寓意卻甚大。公一生稷契心事，盡於此詩中，真欲使天下如一家，非迂腐之論也。詩中絕無理障，絕不涉議論，此公化腐為奇處。

首言升堂之逕，舊時直入而不斜，今為五株桃樹所礙，亦任其遮覆而不忍伐也。蓋秋實既足資貧，春花又可悅目。次聯即承第二句。燕在方乳之時，鴉有反哺之義，此物之尤可憐愛者也，故見其通戶則宜之。兒童無知欲打，則不任之。二者即是堂前之物。古曲有《莫打鴉》。

末二句推而論之。經亂已久，丁壯死亡，寡妻因乎群盜，所云「胡騎長驅五六年」，非止今日矣。因慨然歎息，天下車書原是一家，其為貧窮者不得食，鰥寡者不得生，以至草木禽獸失所而不能咸若者多矣。以堂中作天下觀，以天下作堂中觀，一語含悽無限。

此詩與「堂前撲棗任西鄰」及「安得廣廈千萬間，大庇天下寒士俱歡顏」二詩宜參看。一棗之微，思救鄰婦之困窮，則從桃樹之遮而不忍伐，思以饋貧人也；萬間之廈，思庇天下之寒士，則從堂前而推至天下，亦總是一家也。存桃實以饋貧人，不忍於一人之貧，即不忍於天下之貧，即不忍燕之不乳，即不忍鴉之被傷，即不忍天下之鰥寡孤獨而有寡妻，即不忍人之為群盜而不奉車書正朔。從此饋貧一念，推之天下，豈不如一家乎？莫謂僅題桃樹已也。

野人送朱櫻

當是廣德二年復歸成都作。

西蜀櫻桃也自紅，野人相贈滿筠籠。數回細寫愁仍破，萬顆勻圓訝許同。憶昨賜霑門下省，退朝擎出大明宮。金盤玉箸無消息，此日嘗新任轉蓬。

此對櫻桃而傷往事也，因野人之贈，憶昔賜霑之恩。是上四句喚起下四句

法。首言「西蜀櫻桃也自紅」，回首長安，含情無限。昔日所賜之櫻桃，其紅如此，乃西蜀之櫻桃其紅也自如此，已不覺睹物而勃驚。然此固野人之贈也。曰「滿筠籠」，便動下「驚出」二字意。

《禮記》：「罍之溉者不寫，其餘皆寫。」注：「寫謂傳之罍中，從筠籠而寫之他罍。」不敢輕寫而細寫，不敢驟寫而幾回細寫，豈真於野人之贈珍惜乃爾乎？惟憶昔年霑賜時，鄭重君恩，愁其或破，今不覺其愁仍如此也。萬顆勻圓，本無足異。若云顆顆皆同，但摹寫櫻桃之狀，有何情味？此曰「訝許同」者，訝其同於昔日之所賜也。「愁」與「訝」俱從下四句意生來，正與「也自紅」三字回顧有情，卻緊起下「憶昔」二字。

李綽《歲時記》云：「唐制：四月一日，內園進櫻桃，寢廟薦訖，頒賜各有差。」公為左拾遺，隸門下省，憶往時曾同霑省臣之賜也。想「擎出」二字之態，何等珍重愛惜！老臣傴僂，躬負天賜，並愁破、勻圓之狀一一映出。

金盤、玉筯，上所用也。漢明帝宴群臣，大官進櫻桃，盛以赤瑛盤，月下視之同色，皆咲云空盤。豈即金盤意耶？「無消息」，憶去年十月，吐蕃逼長安，代宗出幸陝州，公遠在成都，尚未知真消息也。因野人之贈，忽思今日玉食，不知有此時物否？所謂一飯不忘君也。

野人有贈，羈旅得嘗，而金盤、玉筯，消息杳然，我雖如飄蓬之轉，亦宜任之，不復敢自憐自昔矣。此與「天子不在咸陽宮」同一嗚咽。後韓致光《櫻桃》詩：「金鑾幾歲常宣賜，忍淚看天憶帝都。」本公意而悲感之意淺矣。

院中晚晴懷西郭茅舍

廣德二年秋作。

幕府秋風日夜清，澹雲疏雨過高城。葉心朱實堪時落，階面青苔先自生。復有樓臺銜暮景，不勞鍾鼓報新晴。浣花溪裏花饒笑，肯信吾兼吏隱名。

舊注俱云：上六句院中晚晴，末二句方懷西郭茅舍。余謂非也。止上二句說院中，下六句全是懷西郭茅舍。

題是晚晴，先以風清雲淡雨疏寫出晚晴之景。風常清，能吹雲使散而不厚。雲淡雨必疏，雨疏即過而不留矣。曰高城，知為院中晚晴。

朱實，橘也。曹子建《橘賦》曰：「朱實不萌，焉得素榮。」浣花溪中，橘刺迷人，則朱實之殷繁可知。公《小園》詩：「秋庭風落果。」自離草堂以

來，當此秋深，葉心朱實，必已漸落矣，那堪聽其時落而無人為採摘滋培也；階面青苔，必自然而生矣，亦祇任其日生而無人為掃除拂拭也。此皆不能已於懷者。

宿府

　　清秋幕府井梧寒，獨宿江城蠟炬殘。永夜角聲悲自語，中天月色好誰看。風塵荏苒音書絕，關塞蕭條行路難。已忍伶俜十年事，強移棲息一枝安。

　　漢武帝拜霍去病大將軍於幕府中。師古曰：「軍旅無長居，故設幕帳。」魏明帝詩：「雙梧生空井。」井梧本此。

　　此言府中秋氣淒其，獨宿不寐。燭殘則夜深矣。角聲永夜不絕，月至中天倍明，自聞之，自言之，自見之，自賞之，皆無人相和也。獨宿之況如此。

　　「風塵」二句，是枕上躊躇，百端交集，不能成寐之語。《詩》：「荏苒柔木。」言依回於風塵之際。家鄉書信，久已斷絕，蕭條於關塞之間，欲思出峽，行路又難，總因幕中無聊，恨不能奮飛而去也。

　　十年事，諸注俱云：自罷官以來，已十年矣。然棄官在己亥，參謀在甲辰，僅是六年。解似未確。公意正以十年乃字自擬，豈知未及十年，又就幕下。看一「忍」字及「伶俜」字，正悔己守身之不貞也。陳後山詩：「當年不嫁惜伶俜，傅粉施朱咲後生」；「不惜捲簾通一顧，怕君著眼未分明。」〔註4〕寫「伶俜」兩字如畫。

　　《莊子》：「鷦鷯巢於深林，不過一枝。」只因功名之念不能忍，又復強移作幕府之棲息，勉強既甚，為不安亦甚。公詩所謂束縛矣，豈能一刻自安也哉？

至後

　　冬至至後日初長，遠在劍南思洛陽。青袍白馬有何意，金谷銅駝非故鄉。梅花欲開不自覺，棣萼一別永相望。愁極本憑詩遣興，詩成吟詠轉淒涼。

　　《周禮》：「冬至，日在牽牛，影長一丈三尺。」思洛陽，思故鄉也。

　　青袍白馬，舊注云：公自言止服九品服耳，如公詩「青袍朝士最困者」是

〔註4〕陳師道《放歌行》其一：「春風永巷閑娉婷，長使青樓誤得名。不惜捲簾通一顧，怕君著眼未分明。」其二：「當年不嫁惜娉婷，拔白施朱作後生。說與旁人須早計，隨宜梳洗莫傾城。」

也。白馬二字，似無著落。劉須溪云：「青袍白馬，眼見小子輩紛紛而起。」有何意味？亦非也。庾子慎《亂後行經吳郵亭》曰：「青袍異春草，白馬即吳門。」庾開府《哀江南賦》云：「樂點構扇，馮陵畿甸。青袍如草，白馬如練。天子履端廢朝，單于長圍高晏。」公正用此語，以侯景喻安史之亂。洛陽盡遭焚劫，今日思之，彼寇賊紛紜，果萌何意，而金谷銅駝已非復吾故鄉景物矣。兩句緊承「思洛陽」說。「有何意」三字正是恨其妄誅其心耳。或曰：身經亂離，百憂交集，方不勝新亭之淚。復有何意耶？亦思緒不聊之詞。

《水經注》：「金谷水出河南太白原，東南流歷金谷，經石崇故居。」陸機《洛陽記》：「漢鑄銅駝二枚，在宮之南街四捨道頭，其路東西相對，高九尺，漢時名為銅駝街。」劉禹錫《楊柳詞》云「金谷園中鶯亂飛，銅駝陌上好風吹」是也。又，《河南志》：「俗語曰：『金馬門外聚眾寶』、『銅駝街上集眾寶』。」「非故鄉」三字寫出荒涼丘墟之狀，謂已非昔日之金谷銅駝矣。思其非故鄉，正望故鄉之切也。

梅花，至後之節物也。公《梅花》詩云：「恨不折來傷歲暮，若為看去亂鄉愁。」雖花應候欲開，亦不自覺其又將開矣。公無刻不思諸弟，借棣萼對梅花，實因梅花觸棣萼也。曰「不自覺」、曰「永相望」，總是思鄉之切。結二句本欲借詩遣思、思終不能遣，轉益其淒涼而已。或曰：梅花、棣萼亦暗用花萼樓事，傷太平盛事不復見也，與「洛陽」二字相應。

暮登四安寺鐘樓寄裴十迪

上元元年，公暫如蜀州新津縣。蜀州至成都百里。《蜀志》云：「新津縣南二里，有四安寺，神秀禪師所造。」公有《和裴迪登新津寺寄王侍郎》詩，即四安寺也。公先與裴迪登此寺，有「老夫貪佛日，隨意宿僧房」之句。必裴去而公暫留，故公又獨登，寄裴此詩。

暮倚高樓對雪峰，僧來不語自鳴鐘。孤城返照紅將斂，近市浮煙翠且重。多病獨愁常闃寂，故人相見未從容。知君苦思緣詩瘦，太向交遊萬事慵。

雪峰，即西山雪嶺。公登樓已暮，獨對雪峰，意之所思，在故人也。乃忽見僧來，彼此原不相屬，僧亦不語，竟自往鳴鐘，釋書所謂「眾集撞鐘」是也。寫出彼此漫不顧盼之況。

僧自鳴鐘，公仍倚樓而望，但見孤城之返照，近市之浮煙，紅斂翠重，皆

暮色也。過眼雲煙，都不屬意，所念者唯故入耳。

後四句，兩句自說，兩句說裴，須合疏方知其層折之妙。蓋在公也，惟多病，故愁。惟獨愁，故嘗聞寂。惟聞寂，故思與故人相見，且思款曲從容而見。曰「未從容」者，悔詞也。在裴也，惟苦思詩，故瘦。惟瘦，故慵。惟慵，且至於萬事慵，並向交遊而亦慵。曰「太向」者，責詞也。四語中既自甘寂寞，又難忘故交；既深知裴瘦，又怪裴太懶。倚樓一刻，層次含情，無非思裴願見之懷。合前四句觀之，通首次序自見。

詩能瘦人，非裴不能臻此境，非公亦不知裴之臻此境。公詩云：「近識峨嵋老，知余懶是真。」惟峨嵋老能知公真懶，惟公能知裴太慵。慵之一字，乃公平日不輕以許人者。今曰「萬事慵」，具道裴之率真爛熳，真人品，真詩品，無不於此畢出。

解此詩後，因檢家洞陽公《杜律辨類》，曰：「末句乃自咎意。懷裴而不相見，則於交遊之情甚懶矣。即裴之尤親厚者以例其餘。通上一句，文斷意不斷，筆力做法妙處。」按：如此解，「故人相見未從容」句甚有情，其不能與故人從容相見者，由我太慵故也。因悟「知君苦思緣詩瘦」，亦非言裴因苦思作詩而瘦，謂知君必苦憶我，緣我寄詩而應瘦也，其如我之慵何哉！想公此時欲從新津返成都矣。並存此解，以見公詩參悟不盡處。

撥悶

黃鶴注：「永泰元年在忠渝作。」

聞道雲安麴米春，纔傾一盞即醺人。乘舟取醉非難事，下峽消愁定幾巡。長年三老遙憐汝，捩柁開頭自有神。已辦青錢防僱直，當令美味入吾唇。

曰「聞道」，曰「當令」，總是遙想。以此撥悶，殆所謂畫餅充饑，望梅止渴，牢落無聊亦甚矣。

唐人名酒多以春。一盞即醺，故取醉非難。然既欲銷愁，決非一醉而已，定有幾巡也。詞家有「愁深酒薄難禁受」之句，與此參看。四句一直下而曲折自寓。

「長年三老」、「捩柁開頭」，就本句自為對。公每用此體。峽中以篙師為長年，柁工為三老。捩轉柁尾，船頭便開，故曰「捩柁開頭」。公急欲下峽，不得不憐舟子。曰「遙憐」者，時尚未買舟。思舟子即憐也。憐是親之之意。

「自有神」，亦屬想像，謂既是長年三老，其捩柂開頭，自然神捷也。

川人不以準折，一色見錢為青錢。僱直，僱舟之直。時公已辦矣。酒入吾唇，應不遠耳。

題是撥悶，現前有酒，尚未易撥，乃欲乘舟下峽，以歷險遠。從至難中作虛想，反稱非難，自嘲自遣。所云「何以解憂？惟有杜康」，正此意也。公豈真耽麯米春，一醉而作此口流涎之態哉？

諸將五首

此詩雖言天寶十四載以來諸將之事，然云「滄海未全歸禹貢，薊門何處覓堯封」，則是史朝義死後，河北有未歸者。又末篇云「正憶往時嚴僕射」，當是武死後作。武以永泰元年死，而公亦以其時去成都，故又云「錦江春色逐人來，巫峽清秋萬壑哀」。是知此事乃永泰元年秋在雲安作也。

漢朝陵墓對南山，胡虜千秋尚入關。昨日玉魚蒙葬地，早時金盌出人間。見愁汗馬西戎逼，曾閃朱旗北斗殷。一作「閒」。多少材官守涇渭，將軍且莫破愁顏。

長安宮闕皆在山上。肅宗大曆元年，興葺蓬萊宮，以南山水入京，蓋京城前值此山也。陵墓與南山相對，言其逼近內地，可以固守，而吐蕃尚入關而發掘之。

偕漢朝以傷今日，正指廣德元年吐蕃入寇。太常博士柳伉上疏，以為犬戎犯關度隴，不血刃而入京師，劫宮闕，焚陵寢事也。曰「千秋」者，魏文帝《典論》所云「漢氏諸陵，無不發掘，至乃燒取玉匣金鏤，體骨並盡」。漢朝如此，至今日而復如此，以逼近內地之陵墓尚遭發掘，千秋以來，無不皆然，則吐蕃之橫暴，填墓之不足恃益信矣。故下復申言玉魚、金盌事。舊注胡虜，指安祿山言，殊無干涉。

玉魚，漢朝楚王戊太子賜葵物也。金盌，盧克幽婚崔氏女，棺中金盌出市於人間者也。蒙猶蔽也。兩句須合看，言昨日尚蔽於地下，早時已出於人間，正見倏忽不可保也。此二句不過申言陵墓之不足恃。上四句中，初不及諸將，而諸將之不能防禦，已隱然責備在言外。

下四句方及諸將。汗馬，回紇之馬也。西戎，吐蕃也。殷，赤色也。僕固懷恩反，合回紇、吐蕃逼奉天，京師戒嚴，則是「汗馬」、「西戎」相逼，此諸將所目見而深愁者也。當時馬汗之血曾閃朱旗，而北斗皆赤，則戎馬之盛可

知。昔日曾有此，豈今日可泄泄乎？深警諸將全在末二句。舊注：上句說戎馬之逼，下句說諸將曾建朱旗於北斗城，享富貴之安閒。文義不屬矣。《東觀漢記》：「段潁還京師，朱旗騎馬，殷天蔽日。」公用「殷」字，亦有所本。

材官，武技之臣也。涇、渭二水在長安西北。考《紀事本末》，代宗永泰元年春，吐蕃遣使請和。上問郭子儀：「吐蕃請盟如何？」對曰：「吐蕃利我不虞，若不虞而來，國不可守矣。」乃相繼遣河中兵戍奉天，又遣兵巡涇原以覘之，正是守涇渭時也。「將軍且莫破愁顏」，警戒之辭。言今涇渭之間防守猶嚴，吐蕃出沒不常，且莫破愁顏可也。此二句正應轉上二句，猶云前日之愁，尚在目見之中，今奈何而破愁顏乎？「見愁」、「莫破愁」，兩「愁」字呼吸相照，不必以重出為嫌。

韓公本意築三城，擬絕天驕拔漢旌。豈謂盡煩回紇馬，翻然遠救朔方兵。胡來不覺潼關隘，龍起猶聞晉水清。獨使至尊憂社稷，諸君何以答升平。

此追言韓公張仁願之功，以深愧諸將也。中宗神龍三年，仁願於河北築三受降城，首尾相應，自是突厥不得度山放牧，朔方無復寇掠。是韓公之意，本擬絕天之驕子，而拔立漢之旗旌於其地也。韓公奪其地而樹漢之旌旗，其有功於朔方如此。豈今日反借助回紇以救我之朔方乎？《史記·淮陰侯傳》：「馳入趙壁，拔趙旗，立漢赤幟。」韓公正是此意。

自回紇助順之後，雍王之討史朝義，子儀之敗吐蕃，皆用回紇之力。故曰「盡煩回紇馬」。僕固懷恩曰：「如臣朔方將士，功效最高，為先帝中興主人，乃陛下蒙塵故吏。」及懷恩以朔方兵叛，致天子流離播遷，雖子儀統朔方，借回紇以收吐蕃，仍使朔方兵翻然效忠。然子儀之遠救朔方兵，已煩回紇之助矣，不大有愧於韓公哉！

三聯深言吐蕃之橫，借兵之非。曰「胡來不覺潼關隘」者，吐蕃入寇，代宗幸陝州，賜郭子儀詔，恐吐蕃東出潼關，徵子儀詣行在。子儀表稱：「臣不收京，無顏以見陛下。若出兵藍田，敵必不敢東向。」後卒如其策。故言潼關天險，長安所恃以為固。及吐蕃長驅，全不足恃，上僅廑憂。然則潼關險隘，到此而亦不覺其隘矣。蓋極言當日吐蕃之盛與禦備無策，恐恣其蹂躪，如入無人之境也。「龍起猶聞晉水清」者，當年太原起義，用劉文靖之謀，固嘗借兵。突厥以兵五百、馬五千匹來矣，然恃功驕倨，使者暴橫，已大為中國患。後卒背盟入犯，高祖至欲遷都以避之，賴太宗運籌決策，李靖、李勣輩分道出師，

單于入朝，頡利就擒，於是有「雪恥酬百王，除凶報千古」之句。海晏河清，社稷永賴。先朝舊事，諸將猶聞之否乎？今回紇助順，與晉水龍興時之突厥何異？而鹵掠剽奪，鞭辱使臣，血濺御衣，亦既見其害矣。雪恥除凶，所藉君臣將帥勠力同心。乃當至尊狼狽出幸，發詔征諸道兵，莫有至者。獨使至尊流離播遷，憂危社稷，非惟遠愧從龍諸臣，視築城之仁願亦大不侔矣。今日坐享升平，何以報答萬一乎？末二語深愧諸將之詞。舊解以「胡來」為祿山，「龍起」為靈武即位，固絕不相涉。即專指晉陽始事，化國為家，而不及借兵突厥事，亦非因回紇而及之之意也。

洛陽宮殿化為烽，休道秦關百二重。滄海未全歸禹貢，薊門何處覓堯封。朝廷衮職誰爭補，天下軍儲不自供。稍喜臨邊王相國，肯銷金甲事春農。

此亦指吐蕃陷長安而言。曹子建詩：「洛陽何寂寞，宮殿盡燒焚。」張孟陽《劍閣銘》：「秦得百二，併吞山河。」言其地之險固，二可當百也，總是弔古傷今之意。

「滄海」謂南海，「薊」即幽薊。言天下之地，南盡於海，北極於薊也。有崇指山東河北者，非是。此不過泛言天下方憂。故禹之貢賦未能全歸，堯之封疆無處可覓，亦是借古傷今，撫輿圖而深惜意。時安史餘黨多有盤據要地，不供貢賦者。

「朝廷衮職誰爭補」，言相皆出將。「天下軍儲不自供」，言農皆為兵。唐制：府兵有事則徵為兵，無事則散為農。是軍儲皆自供也。今兵不得休，故軍儲皆不能自供，國用益竭，民困亦甚矣。此二句專責朝廷大臣出將者。朝廷大臣，當安危重任，不思何以歸職貢，復封疆，如中興仲山甫之能補衮闕，乃擁重兵而坐耗軍儲，獨無愧於心與？

「臨邊王相國」，正相而出將者也。廣德二年，王縉同平章事。其年八月，代李光弼都統河南、淮西、山南東道諸節度行營事，兼領東京留守。歲餘，遷河南副元帥，請減軍資錢四十萬貫，修東都殿宇。大曆三年，領幽州、盧龍節度，又兼太原尹、北京留守，充河東軍節度。曰「稍喜」者，蓋深致不滿之意。謂如王相國者，不過募耕勸農，修承平有司之職業而已，其於補衮之義，又何居焉？考元載擅政專橫，王縉附之，此姦臣之尤也。公云「稍喜」，蓋以愧當時將帥，並王縉亦不如耳。縉以軍資修東都宮殿，又隱與首句「宮殿化為烽」相應。子美用意，不露痕跡。諸注俱云：不可不取法王縉。直未考王

縉立身始末耳。

黃家舒曰：「《春秋》進吳、楚之君，所以深愧中國也。不讀此等解，不知老杜原本六經處。」

回首扶桑銅柱標，冥冥氛祲未全銷。越裳翡翠無消息，南海明珠久寂寥。殊錫曾為太司馬，總戎皆插侍中貂。炎風朔雪天王地，只在忠良翊聖朝。

公在成都，每北望官闕。扶桑銅柱在南，故曰「回首」。唐書明皇令特進何履光以兵定南詔，取安寧城，及鹽井，復立馬援銅柱，乃還。「冥冥氛祲未全銷」，言嶺南自明皇南詔之敗，繼以中原之擾，其地多未平也。越裳，交趾地。交趾土多珍異，產明璣、翠羽。開元中，用中官楊思勗，將兵討安南、五溪、隴州等處首領。思勗殘忍好殺，故至今珍貢不至。代宗時，廣南市舶使呂太一募兵為亂，故明珠寂寥。公詩所云「自平宮中呂太一，南海收珠一千日」是也。

《舊唐書》：「李輔國判元帥行軍司馬，專掌禁兵。肅宗上元二年，拜兵部尚書。」以中官拜大司馬，所謂「殊錫」也。應劭《漢書》：「侍中，周官也。金蟬有貂，秦始皇破趙，得其冠，以賜侍中。」至德二年，九節度使討安慶緒於相州，不立統帥，以魚朝恩為觀軍容宣慰處置使。又，程元振代輔國判元帥行軍司馬，專制禁兵，加鎮軍大將軍。以中官為總戎，故皆「插侍中貂」也。

此詩深戒朝廷不當使中官出將也。氛祲未銷，扶桑銅柱，不堪回首，以至越裳不貢，南海阻兵，炎風朔雪，亦誰非天王之地，而一旦梗化乃爾乎？原其始禍，皆因偏信中人，據將帥之重任，以至潰亂如此。今只當精求一二忠良，輔翼聖朝，勿更為中人所災可也。

錦江春色逐人來，巫峽清秋萬壑哀。正憶往時嚴僕射，共迎中使望鄉臺。主恩前後三持節，軍令分明數舉杯。西蜀地形天下險，安危須仗出群材。

永泰元年四月，嚴武卒。此詩作於是年之秋。云離草堂而來，正當春色逐人，今又清秋矣。追念武知己之恩，不覺萬壑皆哀也。

武死贈尚書左僕射。公昔在武幕，武表公為工部員外郎，朝廷依允，故中使銜命而來，公與武共於望鄉臺迎之。憶此一事，以致深感。望鄉臺在成都之北。

《舊唐書‧嚴武傳》:「武初以御史中丞出為錦州刺史,遷東川節度使;再拜成都尹,兼御史大夫,充劍南節度使;三遷黃門侍郎,拜成都尹,充節度使。」所謂「主恩前後三持節」也。惟軍令分明,故優游有餘閒,得數舉杯為樂。

安危,安其危也。西蜀地形天下險,安危重任,非武誰克當之?公詩所云「重鎮還須濟世才」,又云「公來雪山重,公去雪山輕」,正此意也。時杜鴻漸代武節度成都,言外有歎鴻漸非其才之意。

此詩開口不遽說武,從春逐秋哀,緩緩遞入。既云正憶往時,又不即贊武,乃旁及共迎中使之舊事,然後又舉主恩鄭重言之,贊武只「軍令分明」一句。以此寫持節之功,而兵法之好整以暇,折衝樽俎之中,多少韜略,數十句不盡者,俱包於七字內矣。《八哀詩》云:「豈無成都酒,夏國只細傾。」可互相證明。

錢牧齋曰:「首章責諸將之防邊者,言吐蕃入犯,陵墓焚毀,非解嚴安枕之日也。次章責諸將之用胡者,言吐蕃入犯,不宜借寇禦寇。立意與首章迥別。三章刺大臣之出將者,四章戒中官之出將者,詞意敦厚,卻不露頭角,真風人之遺也。末章則身在蜀中,而婉刺鎮蜀之將。故其命題總曰諸將。公詩凡長篇累章,皆鋪陳排比,首尾照應,觀此可以例知。」

按:五首首言陵墓之發掘。次言車架之幸陝,柳伉所云「焚陵寢,劫宮闕,吐蕃之禍極矣」。用王縉臨邊,不過修勸農之故事,究無補於衰闕。況李輔國為司馬,魚朝恩、程元振輩為總戎,沮抑忠良之氣,朝廷又賴何人以翊贊乎?就蜀中而言,僅得嚴武出群之才,乃早死,不竟其用。今以天下最險之地,僅倚杜鴻漸為安危,益使人思嚴不置耳。從陵墓朝廷最大處說到臨邊,又從天下大勢說到蜀中一隅,總歎無馭寇之人,以致焚劫蹂躪如此。追思韓公,重其能絕驕也;終憶嚴武,因其有破吐蕃之功,且知己之感存焉。五首縱橫開合,反覆唱歎,愛國憂君,綢繆警戒意極篤至。然往往蘊藏不露,深得比興之遺意,與《三百篇》並存可也。

十二月一日三首

黃鶴注:「公永泰元年秋至雲安。是冬在雲安作。明年春晚,遷居夔州。」

今朝臘月春意動,雲安縣前江可憐。一聲何處送書雁,百丈誰家上水船。未將梅蕊驚愁眼,更取椒花媚遠天。明光起草人所羨,肺病幾時

朝日邊。

　　唐以土德王，用丑月為臘。建丑之月，二陽已生。楚地冬暖，春意遂動。春意動，故江可憐。憐，愛也。

　　雁足繫書，相沿為蘇武事。巴人接竹為縴，以牽逆流之船，號曰百丈。《南史·朱超石傳》：「宋武北伐，超石前鋒入河，軍人緣河南岸，牽百丈，有漂渡北岸者。」《漢書》下瀨將軍，《注》引伍子胥有下瀨船。此詩反用之。雁起船開，所謂春意動也。公聞見所觸，無非春意，無非行色。才聞雁一聲，忽然驚動，便以為送書雁，可附信而歸也。見上瀨之船，則大駭異，謂吾方欲從蜀下峽，而此船反上瀨而來。「錦城雖云樂，不如早還家。」深訝上瀨船之愚也。如此摹寫，神情始出。

　　梅冬尚蕊，今春意雖動，而梅蕊猶含。見梅蕊，愁眼倍驚，故曰「未將」，意不欲見也。即「感時花濺淚」與「愁思看春不當春」意。晉劉蓁妻，元日獻《椒花頌》。公《視園樹》詩：「梔子紅椒艷復殊。」故椒花亦可言媚。此時椒盤已媚，公急取之，以徵春意之動也。遠天，猶言各天。

　　漢王商借明光殿起草作制誥，人所羨。所云「集賢學士如堵牆，觀我落筆中書堂」是也。晉明帝云：「只聞人自長安來，不聞人自日邊來。」其後遂以日邊為帝都。公有消渴疾，恐遂不復能趨朝也。王槐野曰：「漢制：尚書郎內直起草。」公辟嚴幕參謀，名為檢校員外郎，實未拜官於朝。末二句企慕之詞。

　　寒輕市上山煙碧，日滿樓前江霧黃。負鹽出井此溪女，打鼓發船何郡郎。新亭舉目風景切，茂陵著書消渴長。春花不愁不爛熳，楚客唯聽櫂相將。

　　雲安冬蒸地暖，故有煙霧。市上之寒氣輕，則山煙不復濃。其色漸碧，樓前日滿，故江中之霧映日而黃。不輕則不碧，不滿則不黃。二句皆春意動之實景。

　　雲安人家有鹽井，其俗以女當門戶，皆販鹽自給。鹽井惟蜀為然，蜀井又只在數處，故曰「此溪女」。峽險水迅，凡下峽之船，必擊鼓為節，聽前船鼓聲既遠，後船始發，恐相值互觸，必致損壞。曰「何郡郎」，言皆逐利之徒。四方商賈無不至也，此言風俗之惡，不可居。

　　「此溪女」，言此女能負鹽出井，溺於此地之生計，故不能捨之而他往。若夫打鼓發船而來者，不知為何郡之郎，何故冒山峽之險，逐逐往來於此中？即前首「百丈誰家上瀨船」，怪而疑之之意也。

山謙之《丹陽記》：「新亭，吳舊亭也。建安中，丹陽尹司馬恢移創此地。」公留峽，不得遠長安，若周顗輩，故借新亭以悼世。司馬相如善著書，有消渴疾。既病免，家居茂陵。公藉以自悼也。謂對此異方之風景，誰無新亭之悲？即使病渴而著書，亦必家居為樂，安能鬱鬱久居此耶？

夔為南楚，故公自稱楚客。謂春花即爛熳矣，不愁春光之不來。棹聲相送，應亦不遠，惟耳聽而已。此又自慰之詞。

張伯成曰：「相將乃發棹之狀。兩人扶持而送，故曰相將。」公詩：「浮槎並坐得，仙老暫將。」

即看燕子入山扉，豈有黃鸝歷翠微。短短桃花臨水岸，輕輕柳絮點人衣。春來準擬開懷久，老去親知見面稀。他日一杯難強進，重嗟筋力故山違。

即看，言不遠也。當燕未來巢、鶯未出谷之臘候，而春意已動，故預擬其即入山扉，即歷翠微也。十二月一日作詩，而有燕鶯桃柳，此義原在下句，所謂春來，所謂他日也，蓋望春至之速，逆道其事耳。

豈有，豈不有也。歷，言黃鸝之聲。翠微，指春色言。山色，即春色也。短短桃花，輕輕柳絮，亦蒙「即看」、「豈有」來。

公厭居雲安，故以下峽為開懷。擬之久，望之切也。恐一旦遠客以老，親知終無見面之日。「一杯難強進」，正白狀其老也。老者不以筋骨為禮。他日雖遇親知，而杯酒相對，筋力已衰，益重嗟故山之違也。此時違故山，已堪嗟矣。至他日杯酒不能勝，筋力不能支，勢必重嗟。然則懷抱何時開也？通首總屬揣擬。蓋不愁春至之難，惟慮還鄉不易耳。合讀三首，總是急欲移舟。從春意以至春花爛熳，燕巢鶯囀，桃開柳飛，說得懷抱頓開，又說到一杯難強，筋力衰耗，故鄉親知幾不能見面，胸中騷屑，扣閽無門，就中略一點破。曰「幾時朝日邊」，曰「風景切」，曰「他日」、「重嗟」，春一遲而年加老，無所用之矣。功名之念不能斬除，故寄託之懷如此。

黃漢臣曰：「此不獨羈旅難堪，與束縛酬知己之苦，直緣胸中自比稷與契之念，未易破除耳。」

立春

大曆元年在雲安作。

春日春盤細生菜，忽憶兩京梅發時。盤出高門行白玉，菜傳纖手送

青絲。巫峽寒江那對眼，杜陵遠客不勝悲。**此身未知歸定處，呼兒覓紙一題詩。**

《摭遺》：「東晉李鄂立春日，命以蘆菔芹芽為菜盤，相餽貺。」《四時寶鏡》：「立春日，春餅生菜，號春盤。餅者，屏也。生菜者，新也。取屏舊迎新之意。」兩京，東西京也。公居杜陵而家在洛陽，故兩京春盤皆所嘗食。

《鮑宣傳》：「豈徒欲使臣美食大官、重高門之地哉？」蘇林曰：「高門，長安城北門也。一曰廚門。其內有長安廚官在焉，故曰廚門。」白玉，盤名。行，謂出高門也。《詩》：「纖纖女手。」生菜之細如青絲，非纖手不能切也。傳，猶從也。京師風俗相餽送，不獨內頒，故公忽憶兩京，而深歎寒江無對眼之春盤也。

「此身未知歸定處」，云兩京之間，未知適從也。題詩即題立春之詩。「失學從兒懶，長貧任婦愁。」遠客之悲，屢形詩詠。今曰「呼兒覓紙」，猶喜兒之知詩，所云「驥子好男兒，誦得老夫詩」，「覓句知新律，攤書解滿床」，故呼之也。既曰「遠客」，又曰「此身未知歸定處」，公真無家矣。至「呼兒覓紙」，聊一自慰。有兒可呼，客懷稍知歸定，與「小子何時見，倘歸免相失」諸詩情況自是不同。

遣悶戲呈路十九曹長

路亦為補遺。在西省，故稱曹長。應是大曆元年春雲安作。

江浦雷聲喧昨夜，春城雨色動微寒。黃鸝並坐交愁濕，白鷺群飛太劇乾。晚節漸於詩律細，誰家數去酒杯寬。惟君最愛清狂客，百遍相看意未闌。

前四句言雨後微寒，悶坐而不知所出。下四句所以遣悶也。

江浦，魚復浦也，在雲安縣。夜經雷雨，且又微寒。雨者交阻，所以悶不能出。

鸝畏雨而鷺不畏雨，林棲水宿之殊，性也。寫鸝曰坐、愁，為束身困守之狀；寫鷺曰劇、乾，為矜誇凌物之狀。黃仲霖曰：「黃鸝好雙飛而曰並坐，若愁濕然。白鷺好獨立而曰群飛，若劇乾然。」愚按：劇猶戲也。鷺羽受雨則濕，群飛所以戲，劇使乾，正是喜雨之意。

按：下四句與上四句不接，竟似兩截體。然公平日銷愁遣悶，惟詩酒二者而已。公於詩則曰「愁極本憑詩遣興」，於酒則曰「下峽銷愁定幾巡」，見之諸

詩不一而足。是非詩非酒不足以遣悶也。上四句聞雷雨則悶，動微寒則悶，見鶯之坐愁則與同悶，見鷺之劇飛則又不勝悶，如「盤渦鷺浴底心性，獨鶴不知何事舞」是也。庶幾詩以遣之，酒以遣之，通首未嘗不合。

晚於詩律細，是從百鍊千磨中漸造細微，所云「詩必窮而後工」也。公喜時詩少，悶時詩多，則詩律之細全從悶中得來。然當細心揣摩時，實又可以遣悶懷，蓋詩中境地愈造愈深，有意窮詩，無心尋悶也，此際非公不能知。

李望石曰：「既云『老去詩篇渾漫與』，又云『晚節漸於詩律細』，須知慘淡經營，與得意疾書不是兩事。所謂『意愜關飛動，篇終接混茫』也，總從『讀書破萬卷，下筆如有神』得之。」

「酒杯寬」，「寬」字妙。凡當悶懷，必須求友。然遇鄙吝拘曲之人，不覺益增其悶。惟逢知己之友，彼此衷懷傾倒，杯酒相對，取無禁而用不竭，自然悶懷頓開，公所以必擇友而後數去也。

「清狂」二字，公自待甚高，清則非濁人可延，狂則非俗人可延。濁且俗，一過且不可，何況百過！到得百過不厭，兩相映徹，肝腑如見，不特清，而且流連若狂矣。蓋公無時不悶，悶則欲過，故雖百過亦可。路曹長最喜公之過，能解公之悶，故雖公百過，而路意仍未闌也。

辟疆園杜詩注解七言律卷之四

觀陽李贊元望石甫閱

梁溪顧　宸修遠甫著

同里黃家舒漢臣甫評

暮春

大曆元年，初遷夔州作。

臥病擁塞在峽中，瀟湘洞庭虛映空。楚天不斷四時雨，巫峽常吹千里風。沙上草閣柳新暗，城邊野池蓮欲紅。暮春鴛鷺立洲渚，挾子翻飛還一叢。

公在雲安已臥病矣，遷居峽中，仍復臥病。峽既擁塞，因病不能出遊，益覺其擁塞矣。

《楚地記》云：「巴陵瀟湘之淵，在九江之間，即洞庭湖也，在湖廣岳州府。」「虛映空」，言虛在彼處，江天一色相映，而臥病之人不得往遊也。時公艤舟，欲南下荊襄。

「楚天不斷四時雨」，諸注俱以夔為南楚，引偽蘇注漏天之說。愚按：上有瀟湘洞庭，則楚天明係緊承上句，何必曲以夔為南楚作解？此正言楚地水既壯闊，楚天復助之以四時之雨，瀟湘洞庭之水勢益波瀾浩渺，不似峽中之擁塞也。三峽惟巫峽最長，加以風雲接地，日吹萬里之風，塞益加塞。次聯分承上聯，顯然易見。

「沙上草閣」，即西閣也。柳至暮春始暗，故曰「新暗」蓮非暮春之花，故曰「欲紅」，謂其意已欲早開矣。柳方新暗，蓮即欲紅，物序相催如此，令人不能無感。

鴛鷺立洲渚之上，欲飛則挾子而飛，欲聚則挾子一叢而聚，其聚散得以自由，不似擁塞者之常臥也。舊注思子憶家，意甚腐。

結句始點出暮春二字，是詩法妙於安頓處。若將花鳥鴛鷺說在前，意味易盡。惟先從自身擁塞說起，楚天則浩瀚而不得住，峽中則擁滯而不得出況，僅從閣上見暮春之景，從苦處說入佳況，聊以自解其鬱塞耳。

黃維章曰：「杜律說樂偏從苦處說，說苦偏從樂處說，樂時逢苦亦樂，苦時逢樂亦苦，往往拈作互映。然逢樂亦苦處為多。」

雨不絕

鳴雨既過漸細微，映空搖颺如絲飛。階前短草泥不亂，院里長條風乍稀。舞石旋行將乳子，行雲莫自濕仙衣。眼邊江舸何匆促，未得安流逆浪歸。

雨大則雨能自鳴，風猛則能助雨鳴。先之以鳴雨，繼之以微雨，故題云雨不絕。微雨如絲，則短草亦不沾泥。短者猶淨，長者可知。雨鳴既過，則雨不挾風穿條。長者猶稀，短者可知。然曰「乍稀」，則雨仍不絕也。

《水經注》：「燕山有石，紺色，狀燕。其石或大或小，若母子焉。及雷風相薄，石燕群飛，小者隨大者而舞，如相將乳子之狀。」雨不絕，則朝莫皆雨，故恐濕仙衣也。雲雨本神女自行，故曰「莫自濕」。

黃鶴注云：「逆浪歸，正欲歸溪上也。」愚謂非也。不過在江旁邊而觀江上之舸。當此雨不絕之時，亦復冒險而行，謂何必如此匆促，未得安流而歸，乃乘此逆浪乎？蓋為江舸歎也。觀「眼旁」二字益明。若云公自歸，公又將何歸乎？

愁

江草日日喚愁生，巫峽冷冷非世情。盤渦鷺浴底心性，獨樹花發自分明。十年戎馬暗南國，異域賓客老孤城。渭水秦山得見否，人今罷病虎縱橫。

公每言愁，偏從花鳥賞心之物說到愁處，此深於言愁者也。

江上之草日生，而公未可歸，故曰「喚愁生」。謂草能喚愁也。冷冷，水聲也。水本無情，巫峽水急則尤無情之甚。戴叔倫詩：「沅湘日夜東流去，不為愁人住少時。」公詩：「清渭無情極，愁時獨向東。」正此意。

水回曰渦。郭璞賦：「盤渦谷轉。」盤渦，峽水最險之處，人所驚避，鷺偏樂浴，不知其底心性也。獨樹之花，偏自開發，燦然而分明，不於人事無賞心也。總於愁人無涉，公益自愁而已矣。

「十年戎馬」，指安史之亂。「暗南國」，公詩所云「漂泊西南天地間」是也。惟南國俱暗而不能通，故長為異域之賓客，將老於夔城中矣。舊解以南國為洛陽，非是。

「渭水秦山」，公故土也。時方罷弊，寇賊充斥，而未可歸，故云「得見否」。張璁曰：「虎縱橫，謂暴欲也。時京兆用第五琦什一稅法，民多流亡。恐長安從此遂無寧宇，故感傷其猶得見否耳。」

按：公身在巫峽，遙憶長安，又愁長安。見巫峽之花鳥漠不相關，無非添愁之物。思故鄉之人民悲傷暴虐，不覺關愁之至。然則愁何時而已哉？

寄常徵君

白水青山空復春，徵君晚節傍風塵。楚妃堂上色殊眾，海鶴階前鳴向人。萬事糾紛猶絕粒，一官羈絆實藏身。開州入夏知涼冷，不似雲安毒熱新。

此言徵君向隱於青山白水之間，今應招而去。山水無主，空復春耳。曰「晚節」，惜不能堅其初志也。曰「傍風塵」，言己在風塵之中，不復能浣濯也。《史記·田蚡傳》：「孝景晚節。」

楚妃有殊眾之色，喻徵君操行之潔白。今不在深宮而在堂上，則與眾共見矣。海鶴有孤騫之志，喻徵君飲啄之自如。今不在海濱而在墀前，則向人而鳴矣。所謂「傍風塵」也。

宋王微《與何偃書》曰：「盤紆糾紛。」言多事也。「猶絕粒」，謂徵君隱居之時，曾修辟穀之術。今雖當萬事皆紛，猶不能忘情於此，謂其終有靜修之好也。一官羈絆，聊藉以藏身，如東方朔避世金馬門。二語原其初志而周旋之。舊注俱云：公自言，公已不為官，更有何羈絆？

開州，巴郡朐䏑縣地，東至夔州雲安縣一百九十里。入夏猶涼，則與雲安至秋倍熱異矣。言其地之可居，聊以慰徵君也。徵君去年訪公於雲安，時已秋而熱倍新。「新」字用得妙。

盧德水曰：「此詩字字沉痛，說者類雲風刺，則以『晚節傍風塵』一語耳。不知人少壯蹇躓，猶冀前途，老而奔走風塵，則計無復之矣。此最是志士傷心處。況鳴向人者，海鶴也，豈雞鶩流哉？萬事糾紛，猶然絕粒；一官羈絆，實以藏身。此等艱辛，向誰人語？想寄詩時，不知淚下幾行，乃忠厚之至也。」

峽中覽物

　　曾為掾吏趨三輔，憶在潼關詩興多。巫峽忽如瞻華嶽，蜀江猶似見
黃河。舟中得病移衾枕，洞口經春長薜蘿。形勝有餘風土惡，幾時回首
一高歌。

　　公曾為華州司功，故曰掾吏。舊史志：華為扶風。公嘗以公事趨三輔也。

　　潼關在華州華陰縣，即桃林塞也。《一統志》曰：「王畿為三輔，其山曰太
華，其川曰黃河。」公《華州》詩，即潼關之詩興也。華嶽之高，黃河之大，
皆堪助其詩興。今客中見巫峽蜀江，遂想像有感，故曰「忽如瞻華嶽」、「猶似
見黃河」。「忽」、「如」、「猶」、「似」四字，正應「曾為」、「憶在」四字。公在
華州，乃生平極不得意之境，豈真憶華嶽、黃河哉？正厭峽中之不可居。所云
在此，猶在彼耳。歷境異，見境之情不異也。

　　公詩：「伏枕雲安縣，遷居白帝城。」今遷居洞口，已經一春。薜蘿日長，
而衾枕未離，故昔時之詩興為之頓減，又不似在潼關時矣。以此形彼，境愈歷
愈惡。

　　如華嶽，似黃河，所云形勝有餘也。然病臥洞口，經春不起，則是形勝雖
有餘，而風土乃不宜人矣。「幾時回首」，指去峽而言。高秋，即詩興也。今日
則憶在潼關之時，本無足憶矣，尚可發詩興而憶也。他日則回首峽中之地，但
不知幾時得去。此而回首也，回首便可一高歌矣。公急欲出峽如此。

柏學士茅屋

　　碧山學士焚銀魚，白馬卻走身岩居。古人已用三冬足，年少今開萬
卷餘。晴雲滿戶團傾蓋，秋水浮階溜決渠。富貴必從勤苦得，男兒須讀
五車書。

　　柏學士，未詳何人。解者或云茂琳，或云貞節。兩公皆起武夫，未嘗為學
士也。又或疑為柏大兄弟之山居，所謂「叔父朱門貴，郎君玉樹高」。合之詩
意亦未然。考《唐書》，柏氏無顯人。惟《柏耆傳》云：「將軍良器之子、元和
中人。」不顯州郡。則柏氏世系將門，未有為學士者。

　　銀魚，學士佩章。白馬，學士所乘也。謂學士焚銀魚，卻白馬，而走隱於
碧山，身遂岩居也。

　　東方朔，三冬文史足用。古人即指東方朔言。「年少今開萬卷餘」，言學士
棄官岩居，年甚少正堪讀書也。沈氏蓬說曰：「讀書者，不言三春、三夏、三

秋，而曰三冬、蓋古人春誦，夏弦，秋學禮，冬讀書也。下字皆非臆創。」

按：晴雲二語，茅屋中實景實事。雲團如車蓋之傾，言雲之塞也。階溜如河渠之決，言水之溢也。開萬卷者，惟以讀書為事。雖云滿水決，亦不知也。與亡羊漂麥同意，此正見勤苦處。從來解者俱謬。

《莊子‧天下篇》：「惠施多方，其書五車。」「富貴」兩句，期其後日之詞。言不讀書，未有徒得富貴者；勤讀書，未有不得富貴者。學士雖暫棄官，而勤讀書如此，正是富貴逼人之候。凡為男兒者，安可不若是耶？借學士以勉天下之男兒與年少。「今開」句意義自別。

通首總言學士棄官不為，甘處巖谷。乃年甚少，能開萬卷；將來富貴，正未可量。公必偶過學士茅屋，有羨於學士立品之高，讀書之勤，故題其茅屋如此。

按：公《寄栢學士林居》詩，首云：「自胡之反持干戈，天下學士皆奔波。歎彼幽棲載典籍，蕭然暴露依山阿。」則是學士棄官之後，隱居讀書也。「青山萬里靜散地，白雲一洗空垂蘿」，則晴雲團蓋，秋水決渠之景也。「亂代飄零予到此，古人成敗子如何」，則公至學士之居，見其讀古人書而問之也。「盜賊縱橫甚密邇，形容寂寞甘辛苦」，則所云勤苦者是也。「幾時高議排金門，各使蒼生有環堵」，則望其讀書五車，再排金門，上玉堂，一抒其蘊蓄也。栢學士原與貞節、茂琳不相涉，亦非栢大兄弟。公時有栢大學士其人，史未載耳。

七月一日題終明府水樓二首

公自注：「終明府，功曹也，兼攝奉節令。」

高棟層軒已自涼，秋風此日灑衣裳。翛然欲下陰山雪，不去非無漢署香。絕壁過雲開錦繡，疏鬆隔水奏笙簧。看君宜著王喬履，真賜還疑出尚方。

水樓之高，七月已涼，況當此日秋風，翛然欲灑衣裳，益甚其涼矣。

陰山，匈奴山名，其地四時常有冰雪。此句明承上聯。

漢制：尚書郎四人，口含雞舌香以奏事。時公為工部郎，未登朝署，言我之淹留於蜀而不去者，正愛此樓之勝境也。此句又起下聯。石壁赤色，雨溜斑駁，雲過而日光映之，故如開錦繡。松聲近則壯，遠則微。壯聲之湧怒，不如微聲之縹緲。隔水之際，冷然而奏，不復為濤聲而為笙簧聲矣。此聯正言水樓之勝，公之不去以此。

　　後漢王喬為葉令，每請朝，輒有雙鳧飛來，舉網張之，但得雙鳥，乃詔尚方診視，則四年前所賜官屬履也。王喬之履出於真賜，明府之官尚是兼攝，兼攝則公不能久留，故欲明府即為令尹，受尚方之真賜也。

　　宓子彈琴邑宰日，終軍棄繻英妙時。承家節操尚不泯，為政風流今在茲。可憐賓客盡傾蓋，何處老翁來賦詩。楚江巫峽半雲雨，清簟疏簾看弈碁。

　　前者從水樓說起，結歸終明府。此首從終明府說起，結歸水樓，做法互變。

　　繻，帛邊也。裂繻頭，合為符信。終軍曰：「丈夫西遊不復還。」乃棄關吏繻而去。潘安仁《西征賦》：「終童，山東之英妙。」宓子彈琴，風流如此；終軍棄繻，節操如此。今明府少年優於治邑，是承家節操不泯，而為政風流在茲矣。

　　《鄒陽傳》：「白頭如新，傾蓋如故。」「何處」二字，飄零自嘲，幾不自認為何土之人也，從「盡傾蓋」中拈出。老翁賦詩，有傲然自負、不屑與眾同之意。用「可憐」二字貫下，自負更自卑矣。

　　後四句，正明府為政風流處。當此攝令煩劇之時，能盡接賓客，使野老亦廁身其中，賦詩者有焉，弈碁者有焉，宛然古人彈琴之風矣。況此水樓正對楚江巫峽，半雲半雨，分明如一幅畫圖。清簟疏簾，而公與明府優游其間，又安羨乎漢署之香也？此公所以留連而不能去也與？

　　黃仲霖曰：「前首用王喬仙履，後首用巫山神女，竟以仙蹤縹緲，寫水樓神境，終明府之風流可知。」

秋興八首

　　梁簡文帝《秋興賦》曰：「秋何興而不盡？興何秋而不傷？」

　　玉露凋傷楓樹林，巫山巫峽氣蕭森。江間波浪兼天湧，塞上風雲接地陰。叢菊兩開他日淚，孤舟一系故園心。寒衣處處催刀尺，白帝城高急暮砧。

　　阮籍詩：「湛湛長江水，上有楓樹林。」此公在峽江之中，艤舟欲出，因感楓樹而起興。當此秋露既下，楓樹凋傷，葉落而山與峽倍明，故氣象蕭條之中，彌見森列。

　　《水經注》：「江水歷峽，東逕新崩灘，其下十餘里，有大巫山，非惟三峽所無，乃當抗峰岷峨，偕嶺衡疑。其間首尾百六十里，謂之巫峽，蓋因山為名

也。自三峽七百里中，兩岸連山，略無闕處，重岩疊嶂，隱日蔽天，自非亭午夜分，不見曦月。」

江間即峽，塞上即山。峽江之間，波浪蹴天；楚塞之上，風雲匝地。舉蕭森之甚者言之。黃仲霖曰：「江濤在地而曰兼天，風雲在天而曰接地，極言陰晦之狀。」

公自永泰元年秋至雲安，及今為兩秋，見菊兩開矣，故詩云「南菊再逢人臥病」，此叢菊兩開之證也。菊雖兩開，使我感之而揮淚者，今日不異於他日。言欲出峽之心非自今日，故今日猶然他日之淚，而孤舟繫而不能去，則故園之心竟為其所繫，且一繫而不可解也。

況秋氣既深，正九月授衣之後。催刀尺為製新衣，急暮砧為搗舊衣。處處皆然，而白帝高城之中，砧聲亦復入吾耳，則無處非砧聲可知。曰催、曰急，尤見時已迫而新衣舊衣俱不容緩，客子無家之感可勝淒絕。

夔府孤城落日斜，每依南一作「北」。**斗望京華。聽猿實下三聲淚，奉使虛隨八月槎。畫省香爐違伏枕，山樓粉堞隱悲笳。請看石上藤蘿月，已映洲前蘆荻花。**

此言夔之暮景也。《三輔黃圖》曰：「漢初，長安城狹小，惠帝更築之，城南為南斗形，城北為北斗形，至今人呼斗城。」則謂之南斗、北斗皆可。每依，瞻依之依。

《水經注》：「每至晴初霜旦，林寒澗肅，常有高猿長嘯，屬引淒異，空谷傳響，哀轉久絕，故漁者歌曰：『巴東三峽巫峽長，猿鳴三聲淚沾裳。』」

按：張騫無乘槎事。張華《博物志》載有人居海上，每年八月見槎來，不失期。齎糧乘之，到天河。未嘗指張騫。惟宗懍《荊楚歲時記》乃云張騫乘槎。後遂沿襲。公詩亦屢用為騫事。

「實」、「虛」二字承上落日難留、京華難即意。昔人所云聞猿下淚，茲為親歷實事；所云乘槎可到天河，徒作虛語耳。時已秋而不得歸，正是依斗之望。

《漢官儀》：「省中皆胡粉塗壁，畫古賢列女。」《漢官儀》：「尚書郎入直，女侍史二人潔被服，執香爐，從入，以供給史。」公為郎，自然未嘗入京，故用尚書郎入直，女侍捧香爐事。自傷病廢，與相逢也。公《贈蕭使君》詩：「曠絕含睇，稽留伏枕辰。」又《贈蘇侯》云：「為郎未為賤，其奈疾病攻。」即所云違伏枕也。

粉堞，城上女牆，飾以堊土，故曰粉堞。笳，胡人卷蘆吹之，謂之笳簫，似觱篥而無孔。「隱」字淒絕。聽猿悲笳，俱指暮景而言。隱亦暮狀也。

諸注俱云：適見日斜，忽又月出，正照於石上者，忽已移照於洲前，光陰迅速，所以可悲。徐文長曰：「藤蘿夏月，蘆荻秋花，傷秋倍甚。」此解更為有情。

錢牧齋曰：「孤城落日，悵望京華。曰每依南斗，蓋無夕而不然也。只今石上之月已映藤蘿，又是依斗望京之後矣。『請看』二字緊映『每』字，無限淒斷，見於言外，如云已又過卻一日矣，不知何年得歸京華也。」

千家山郭靜朝暉，日日江樓坐翠微。信宿漁人還泛泛，清秋燕子故飛飛。匡衡抗疏功名薄，劉向傳經心事違。同學少年多不賤，五陵衣馬自輕肥。

此言夔之朝景也。秋氣一至，氛霧交退，日白而光清，故千家山郭俱靜於朝暉。一「靜」字寫盡清秋慘淡之景。從樓上以攬山色，一切遠峰如在樓頭，故曰「坐翠微」。《爾雅疏》「山氣青縹色曰翠微。」凡山遠望則翠，近之則翠漸微也。

漁舟已越再宿，乃溺釣餌，猶泛泛於江中；燕子社前當去，乃戀舊巢，故飛飛於山郭。敘此二者，以喻久客不歸之義。

《漢書》：「匡衡，字稚圭。元帝時有日食、地震之變，衡上疏。上悅其言，遷為太子少傅。」《漢書》：「劉向，字子政。本名更生。宣帝時，初立《穀梁春秋》，徵受《穀梁》，講論《五經》於石渠。」公嘗疏救房琯，出貶司功，則功名分薄，不及衡也。又嘗獻三賦，又上書明皇，云：「臣之述作，楊雄、枚皋可企及也。」則欲傳經如向，而心與事違。此一聯乃公生平出處大節。謂欲進而匡君，以濟當世，則有命存焉；欲退而修業，以淑後人，則與時悖矣。故下緊接云「同學少年」云云。曰「少年」，曰「衣馬輕肥」，公之目當時卿相如此。

當時新進之士，必自為一種學習，以趨時好，而取貴顯。若公之素學，與彼正自不同，殆謂之昔之人矣。故曰「晚將交契託年少，當面輸心背面笑」。又曰：「爾曹身與名俱滅，不廢江河萬古流。」又曰：「遞相祖述復先誰，別裁偽體親風雅。」總指當時同學少年而言。彼以此取功名，或反易易，然彼自貴顯，不過裘馬翩翩而已，吾安能變所學乎？所以甘於功名薄、心事違，決不屑自貶，以趨時好也。

李蘀沙曰：「四句合看，總見公一肚皮不合時宜處。言同學少年，既非抗疏之匡衡，又非傳經之劉向，志趣寄託與公絕不相同。彼所謂富貴赫奕，自鳴其不賤者，不過『五陵衣馬自輕肥』而已，極意夷落，語卻只如歆羨，乃見少陵立言縕藉之妙。」

五陵，謂長陵、安陵、陽陵、茂陵、平陵也。漢徙豪傑名家於諸陵，故五陵為豪俠所聚。公本五陵人豪，豈逐裘馬陋習？舊注以公自傷命薄而深羨少年，何其蔑視杜陵老。

聞道長安似弈棋，百年世事不勝悲。王侯第宅皆新主，文武衣冠異昔時。直北關山金鼓振，征西車馬羽書遲。魚龍寂寞秋江冷，故國平居有所思。

前三首皆就夔州言。此以下遂及長安事。故以「聞道」發之。「似弈棋」，言無定也。長安變遷，其來已久，即百年之間，世事已不勝悲矣。言不必遠追也。百年正言其近。

《長安志》：「奉慈寺，本虢國夫人宅，其地本中書令馬周宅。《津陽門詩》曰：『八姨新起合歡堂。』右丞相李林甫宅，本衛國公李靖宅。林甫廢後，改為道士觀。天寶中，京師堂寢已極宏麗，而第宅未甚逾制。然衛國公李靖廟已為嬖人楊氏廄矣。及安史二逆之後，大臣宿將，競崇棟宇，人謂之木妖。」

王侯，指宗室。言避亂奔竄，第宅廢棄，故曰「皆新主」。用兵既久，府帑匱竭，朝廷悉以官爵賞功，故曰「衣冠異昔時」。此二事，所謂「弈棋」，所謂「不勝悲」也。追敘長安昔經祿山喪亂，故其變遷如此。

直北，謂隴右關輔之間。金鼓未息，指安史餘寇言。證西，謂西有吐蕃之亂，時諸節度使無一人救援者。朝廷遣使敦諭，竟不至。公諱言其不奉命，而但言「遲」，正立意蘊藉處。

魚龍以秋日為夜。寂寞，指魚龍，言吾之漂泊秋江，正猶魚龍值秋而潛蟄。以魚龍喻己寂寞，甚奇。故國平居，是言長安太平無事之時，回首追思，益增其悲。按：前六句全不涉題，末二句方點出秋江，前六句所謂興也。「有所思」從「寂寞」來。故國平時之事，到秋江寂寞，歷歷堪思，子美胸中如弈佈陣。

錢牧齋曰：「《左傳》：『弈棋不定，不勝其憂。』曰『長安似弈棋』，言當國者如弈棋之無定算，故遺禍於百年之遠而不勝其悲也。辛友曰：『不及百年，其為兵戎乎？』百年世事，用辛友之言也。當年誤國之臣，如林甫，國忠，其

宅第已更新主矣。自玄宗倚仗蕃將，專制集權，而玄宗以中官居重任，文武衣冠亦異於昔時矣，以至戎寇交侵，海內版蕩，金鼓未息，羽書交馳。惜哉魚龍寂寞，故國平居，無所短長於世，而徒抱百年世事之悲也。」

蓬萊宮闕對南山，承露金莖霄漢間。西望瑤池降王母，東來紫氣滿函關。雲移雉尾開宮扇，日繞龍鱗識聖顏。一臥滄江驚歲晚，幾回青瑣點朝班。

《雍錄》：「東內大明宮含元殿，基高於平地四丈。含元之北為宣政，宣政之北為紫宸，地每退北，輒又加高，至紫宸則極矣。其北遂為蓬萊殿。自丹鳳門北，則有含元殿，又北則有宣政殿，又北則有紫宸殿。三殿南北相沓，皆在山上。自紫宸又北而為蓬萊，則山勢盡矣。」日對南山，蓋京城前值此山也。《三輔故事》：「建章宮承露盤，金莖高二十丈。」引以喻明皇之好仙也。

唐人詩多以王母比貴妃，以貴妃曾為太真宮女道士也。公詩亦曰「惜哉瑤池飲」，又曰「落日留王母」是也。天寶元年，田同秀見玄元皇帝降於永昌街，云有靈寶符在函谷關尹喜宅傍，上發使求得之。《高力士外傳》：「開元之末，天寶之初，陳希烈上玄元之尊，田同秀獻寶符之瑞，貴妃受寵，外戚承恩。」公蓋以瑤池王母之飲隱喻貴妃之冊為太真，紫氣函關之臨顯譏玄元之降於永昌也。前四句總追憶上皇於蓬萊宮求仙，而金莖承露，遂至青鳥紫氣，談符瑞者紛紛。其實霓裳羽衣，荒淫失政。公雖獻賦蓬萊，憧蒙聖顏一顧而已。

《會要》：「開元中，蕭嵩奏：每月朔望，皇帝受朝於宣政殿，宸儀肅穆，升降俯仰，眾人不合得而見之。請加羽扇。上將出，扇合。坐定，乃去扇。今以為常。」按：蕭嵩奏宸儀肅穆，不合使人見，故必俟雲移日繞，始得望見聖顏也，想見威儀之嚴，宮殿之邃。聖顏不易覯有如此。此憶獻賦時事。一臥滄江，言一臥遂不復起也。驚歲晚，追溯身歷三朝，皆為往事，今一臥不起，不知幾時再列朝班。故又因秋而感興也。蓋公自天寶十載獻《三大禮賦》，上奇之，命待制集賢院。時年四十。以布衣一識聖顏。至肅宗至德二載，拜左拾遺。明年扈從還長安。時年四十六，始點朝班。至代宗大曆元年，自雲安至夔，秋寓夔之西閣，時年五十五矣。思及此，那得不驚歲晚？

舊注不考年月，混作一時，則「青瑣點朝班」亦可移作玄宗時事乎？

幾回，憶昔幾番侍朝也。公身雖在夔，心猶不能絕望於朝班。點與玷同。公詩「凡才污省郎」，即此意也。通首總是瞻望長安、臥病峽中不得歸之歎。

　　瞿唐峽口曲江頭，萬里風煙接素秋。花萼夾城通御氣，芙蓉小苑入
邊愁。珠簾繡柱圍黃鵠，錦纜牙檣起白鷗。回首可憐歌舞地，秦中自古
帝王州。

　　此章首二句便及秋，章法又變。

　　舊注云：瞿唐峽在夔州，曲水在長安，雖相去萬里，而秋色蕭條如一色，
故曰「接素秋」。愚謂此亦公思歸之切也。風煙相接，正描寫亂離光景。萬里
之遙，塵煙滿目，聲息遙阻，一望黃葦白草，有如素秋，故又因秋而感興也。
下四句回憶盛事，緊接「回首可憐」淒其無限。

　　《長安志》：「開元二十年，築夾城，入芙蓉園，自大明宮夾東羅城。複道，
經通化門，以達南內興慶宮次經春明延喜門，至曲江芙蓉園，而外人不之知
也。」通御氣，言明皇遊幸複道，其氣無不通也。祿山警報日至，芙蓉小苑遂
入邊塞之愁。此亦就當時而言，非日後京城淪陷始云入邊愁也。如此萬戶千
門，層累覆壓，天日隔離，而御氣可通，以見其制度之奇麗、物力之殷繁。如
此深沉杳隔，而邊愁得入，所云「漁陽鼙鼓動地來」也。若將入邊愁作既陷長
安語，下二句便接不去。

　　舊注：柱帷作黃鵠文，非也。愚考漢元帝時，黃鵠下太液池上，歌曰：「黃
鵠飛兮下建章，金為衣兮菊為裳。」珠簾繡柱，乃池旁之宮殿，圍黃鵠者也。
借用此事以侈內苑之壯麗耳。黃維章曰：「珠簾繡柱，指曲江宮殿。錦纜牙檣，
泛指龍舟。宮殿密而黃鵠之舉若受圍，舟楫多而白鷗之遊為驚起。寫出荒佚景
象，卻不見痕跡。」

　　「秦中自古帝王州」，舊注云：必非篡竊久據。殊無意味。愚謂自古帝王
勤儉者必興，荒佚者必亡。秦中自古到今，不知幾帝幾王矣。言外感慨，危甚
竦甚。

　　張綖曰：「此地乃自古帝王之都，所以紛華盛麗甲於天下也，到底思其
盛。」亦是

　　昆明池水漢時功，武帝旌旗在眼中。織女機絲虛夜月，石鯨鱗甲動
秋風。波漂菰米沉雲黑，露冷蓮房墜粉紅。關塞極天惟鳥道，江湖滿
地一漁翁。

　　《漢書·武帝紀》：「元狩三年，發謫吏穿昆明池，因欲徵昆明夷，為其國
有滇地，故作昆明池象之，以習水戰。列館環之，內有樓船高十餘丈，旗幟加
其上，甚壯。」

《三輔黃圖》：「昆明池中，立二石人，東西相望，象牽牛織女。又刻石為鯨魚，長三丈，每當雷雨，常鳴吼，鬐尾皆動。」虛夜月，即牛女事，言其常相望而不得見也。動秋風，亦即狀其鬐尾俱動。二句無兩層意。

《本草圖經》：「菰即茭白。其臺中有黑者，謂之茭鬱。至後結實，乃彫胡米也。」沉雲黑，「黑」字非漫下。露至秋則漸冷，蓮房經冷露始墜。上句「雲」字借用，言其一片皆黑。此句「露」字則實用也。

楊升庵曰：「隋任希《古昆明池應制詩》：『回眺牽牛渚，激賞鏤鯨川。』便見太平宴樂氣象。今一變云『織女機絲虛夜月，石鯨鱗甲動秋風』，讀之則荒煙野草之悲見於言外矣。《西京雜記》：『太液池中有雕菰、紫籜、綠節。鳧雛雁子，唼喋其間。』《三輔黃圖》云：『宮人泛舟採蓮，為巴人擢歌。』便見人物遊嬉，宮沼富貴。今一變云『波漂菰米沉雲黑，露冷蓮房墜粉紅』，讀之則兵戈亂離之狀具見矣。杜詩之妙，在能翻古語。」

關塞，即白帝城。鳥道，峽中高山也。以其險絕，獸猶無蹊，特上有飛鳥之道耳。漁人，公自謂也。

此詩有說一「功」字，便見武帝掃蕩昆明，其功猶如在眼中。今水戰不修，兵戈滿地，秋風夜月，沉米墜蓮，總是蕭條之象。而公客居於蜀，隔以極天之鳥道，江湖雖廣，無計可歸，竟若漁翁之飄泊，良可歎也。一漁翁，「一字」，杜老胸中一肚皮不合時宜，大有目空四海之意。

錢牧齋曰：「此借武帝以喻玄宗也。《兵車行》云：『武皇開邊意未已。』韋應物詩云：『少事武皇帝。』唐人皆然。織女以下，摹寫昆明清秋景物。而天寶喪亂之餘，金粟仙遊之後，淒涼黯淡，如在目前。鳥道漁翁，俯仰上下，故國舊臣之感在焉。」

胡孝轅曰：「此詩妙處，尤在一結。《秋興》作於夔府。前六句皆想像昆池景色，於夔府全無根著。不著此二句，說出許大悵望悲感意來，安能收向本題筆頭上，真挽得千萬斤力者。」

昆吾御宿自逶迤，紫閣峰陰入渼陂。香稻啄餘鸚鵡粒，碧梧棲老鳳凰枝。佳人拾翠春相問，仙侶同舟晚更移。彩筆昔遊干氣象，白頭吟望苦低垂。

前所思蓬萊、曲江、昆明，皆屬朝廷之事。此思渼陂，則追溯昔遊而自歎也。公與岑參輩泛舟渼陂，賦詩相樂，公詩所謂「半陂以南純浸山」者是也。

《漢書·楊雄傳》：「武帝開廣上林，南至宜春、鼎湖、御宿、昆吾，旁南

山而西，至長楊、五柞。」注：「昆吾，地名，上有亭。」師古曰：「長安城南
有御宿川，武帝遊觀，宿其中，人不得入。」

《通志》：「紫閣峰在圭峰東，旭日射之，爛然而紫。其形上聳，若樓閣。」
公自長安而遊渼陂，必道經昆吾山、御宿川而行。及至，則見峰陰入陂，故曰
「逶迤」，曰「入」。張禮《遊城南記》曰：「圭峰紫閣在終南山寺之西。圭峰
下有草堂寺。」紫閣之陰即渼陂，故「紫閣峰陰入渼陂」。

舊注以香稻一聯為倒裝句法。今觀詩意，本謂香稻乃鸚鵡啄餘之粒，碧梧
則鳳凰棲老之枝，蓋舉鸚鵡、鳳凰以形容二物之美，非實事也，重在稻與梧，
不重鸚鵡、鳳凰。若云「鸚鵡啄餘香稻粒，鳳凰棲老碧梧枝」，則實有鸚鵡、
鳳凰矣。少陵倒裝句固不少，惟此一聯不宜牽合。首連紀山川之勝，此聯紀物
產之美，下聯則寫士女遊觀之盛。

費昶詩：「芳郊拾翠人。」虞茂詩：「拾翠天津上。」蔡夢弼云：「乃詩人
雜佩似問之之意也。」郭林宗與李膺同舟，眾人望之，以為神仙。公與岑參兄
弟同舟泛陂，藉以相況。晚更移，言舟屢移而忘歸也。

天寶末，公獻《三大禮賦》於蓬萊宮。干氣象，干明主也。公詩云：「氣
衝星象表，詩感帝王尊。」此公最得意之遊，亦最得意之詩。今白首乃在峽
中，吟望渼陂，何其低垂而不能奮飛也。吟望為仰首，低垂為俯首，忽而吟
望，忽而低垂，心在長安，身在峽中，慘鬱之懷欲絕。

王阮亭曰：「《秋興》八首皆雄渾豐麗，沉著痛快。其有感於長安者，但極
言其盛而所感自寓於中。徐而味之，凡懷鄉戀闕之情，慨往傷今之意，與夫戎
寇交兵，小人病國，風俗之非舊，盛衰之相尋，所謂不勝其悲者，固已不出乎
言意之表矣。」

白帝

白帝城中雲出門，白帝城下雨翻盆。高江急峽雷霆鬥，古木蒼藤日
月昏。戎馬不如歸馬逸，千家今有百家存。哀哀寡婦誅求盡，慟哭秋原
何處村。

「雲出門」，一作「雲若屯」。余誦李白詩，有「朝辭白帝彩雲間」之句，
乃知白帝城在高山，故云氣如從城門出，「出門」勝於「若屯」也。雲才出門，
而雨已翻盆，言其速也。

江為峽所束，波聲無時不激鬥。今雨大傾盆，故江聲益如雷霆之怒。古木
蒼藤，舊所遮蔽。今雲擁出門，故樹陰益昏日月之色，是雨助其鬥，雲助其昏

也。二語無限涼壯。

武成歸馬於華山之陽，想見馬亦厭戰也。千家僅存百家，言戍於外者多，承雨說來，益見櫛風沐雨，征夫之苦極矣。

惟夫戍於外，故所存者僅寡婦而已，而又征斂不已，誅求徹骨，勢必至於書矣。慟哭，指寡婦言。但聞寡婦哭聲，不知在於何村，則村村皆哭可知。黃鶴曰：「此因崔旰之亂。」

白帝城最高樓

黃鶴曰：「題曰最高樓，則非前所賦白帝樓也。」

城尖徑昃旌斾愁，獨立縹緲之飛樓。峽坼雲霾龍虎睡，江清日抱黿鼉遊。扶桑西枝對斷石，弱水東影隨長流。杖黎歎世者誰子，泣血迸空迴白頭。

通首俱賦最高之意。城尖，城之一隅也。徑，步道也。昃，狹隘也。立旌斾於尖昃之危地，風高易僕，故旌斾亦欲愁也。時必城守戒嚴，公目擊旌斾之樹立，故即藉以為賦。

樓復在城之上，如此城尖徑昃，更有飛樓縹緲於空際，故曰最高。公獨立於其上，一望盡在目中矣。次聯近望所見，以俯視一切見其高。三聯遠望所見，以一覽萬里明其高。

峽坼雲霾，其突兀蹲踞之狀，則疑以為龍虎睡。江清日抱，其奔湧閃爍之狀，則疑以為黿鼉遊。此乃登高臨深，形容疑似。真以為四物，誤矣。即以杜證杜，如「江光隱現黿鼉窟，石勢參差鳥鵲橋」，同一解也。蘇子《赤壁賦》：「踞虎豹，登虯龍」，亦是此意。

扶桑在極東，日出之地。斷石，禹所鑿也。白帝樓在西方，自西方望海，故見西枝。封，閉也，言遮擁而不見海中石也。

按《禹貢》：「弱水既西」、「弱水西流。」而曰東影者，日出於東，日光照之，則倒影而隨流。從西望之，反似隨東而流也。眾水皆東，而弱水獨西，其性與勢之自然。今曰「東影隨江流」，其影仍隨眾水而流。此公詩奇幻處。

邵二泉曰：「扶桑西枝，以西言東；弱水東影，以東言西。」徐徹弦曰：「東望扶桑，西映弱水，樓之高也若此。」

按：公杖黎而登高，登高而歎世，歎世而泣血，泣血而迸空，謂以淚散之空除也。迸空而又迴白首，西眺東瞻，徘徊無已，舉天下而盡在一望中，舉世

而盡在一歎中。曰「誰子」者，猶《孟子》所云「當今之世，捨我其誰」，不肯自沒其志也。然則公之悲以天下，豈徒牛山峴首之雪涕而已哉！

詠懷古蹟五首

　　支離東北風塵際，漂泊西南天地間。三峽樓臺淹日月，五溪衣服共雲山。羯胡事主終無賴，詞客哀時且未還。庾信平生最蕭瑟，莫年詩賦動江山。

　　此五首不曰詠古蹟而曰詠懷古蹟，蓋因己懷而感古蹟耳。首篇有感於庾信也。

　　支離，形體不全貌。本《莊子》。公初陷賊中，在山東、河北間，幾不能自全其生，故曰「支離東北」。後流寓巴蜀忠渝，故曰「漂泊西南」。東北各處皆梗純，是風塵。西南一隅稍安，尚留天地。下字皆不苟。

　　三峽，蓋指巫山，為第三峽也。武陵，五溪蠻夷，皆槃瓠子孫。槃瓠，犬也，得高辛氏少女，生六男六女，織績木皮，好五色衣服。「淹日月」，「共雲山」，專寫天地，偏屬西南實景。峽中連山七百餘里，隱天蔽日，非亭午時分，不見日月。樓亭居高，受光易及，足以淹留日月而不使遽暗。今東北平坦之地，風塵昏日月之色，不如峽中樓亭，猶得淹留日月，可歎也。五溪蠻夷，衣服不與中國同。一切雲山，屬彼窟穴，乃以安靜，得與共處。今東北衣冠文物之區，一旦變為臻莽，反不如五溪衣服雲山之堪共，更可歎也。凡此者皆以祿山之故，故緊接下句。

　　祿山本屬無賴，玄宗乃謂可恃，亦終無賴而已。公自歎不能救時，不得不哀時。「且」字無恨深痛。

　　庾信《哀江南賦》，其詞曰：「信年始二毛，即逢喪亂，至於暮齒。」又云：「壯年不還，寒風蕭瑟。」末二句即用其賦詞。

　　黃維章曰：「前四句自詠客懷，結二句點出庾信古蹟。以第五句承上四句，見漂泊支離淹共之由。以第六句起下二句，見暮年蕭瑟相同之意。是連環法。」

　　庾信因侯景之亂，自建康遁歸江陵，居宋玉故宅，故其賦有曰：「誅茅宋玉之宅。」公以庾信自況，遂及宋玉云。

　　搖落深知宋玉悲，風流儒雅亦吾師。悵望千秋一灑淚，蕭條異代不同時。江山故宅空文藻，雲雨荒臺豈夢思。最是楚宮俱泯滅，舟人指點到今疑。

宋玉，四川歸州人。作《九辨》。其詞曰：「悲哉！秋氣蕭瑟兮，草木搖落而變衰。」

風流儒雅，便想見文藻。曰「亦吾師」，景行之至，不惟尚友，而直欲師之也。諸註云：亦字有不滿意。又云：非道德師，乃文雅師也。何其陋劣！

悵望千秋，不過悲宋玉之悲，所云「深知」也。漢文帝見相如《上林賦》，恨不與之同時。公之蕭條與宋玉同而已異代矣，此所以「悵望」也。二語正欲師而不可得，深致其綣懷。

故宅尚存於江山之間，其人已往，空有文藻而已，遂接「雲雨荒臺」之句。《高唐神女賦》，正其文藻也。

《古樂府》：「本自巫山來，無人睹容色。惟有楚懷王，曾言夢相識。」李義山亦云：「襄王枕上原無夢，莫枉陽臺一片雲。」後皆云襄王夢神女，非也。今《文選》本沿訛既久。王、玉二字互混到底，幾不能辨，然讀去文義自然是「玉夢」。余為改正附此。楚襄王與宋玉遊於雲夢之浦，使玉賦高堂之事。其夜玉寢，夢與神女遇，其狀甚麗。玉異之。明日，以白王。王曰：「其夢若何？」玉對云云。王曰：「狀如何也？」玉曰：「茂矣美矣」云云。王曰：「試為寡人賦之。」玉曰：「唯唯。」

按：宋玉述懷王夢神女，後又述己之夢以作賦，深以諷襄王也。《國風》以《關雎》為思賢，《離騷》比湘妃於君王，玉之賦正是此意。世人相傳，遂以其事為真，何異癡人說夢。「豈夢思」，「豈」字妙，何曾實有是夢，文人之寓言耳。宋玉此等文心，真是奇藻欲絕。

「楚宮」二句，諸注尤鄙俚可恨。愚謂「最是」二字正公極讚揚宋玉處。迄今楚宮已灰燼矣，而舟人往來其下，猶指點以為疑，總是宋玉文心變幻，無者可使之有，虛者可使之實，怪怪奇奇，使人至今指點不破。疑字之中便宛然有一宋玉存焉，此正是有懷宋玉而作，非泛說陽臺事也。

《寰宇記》：「楚宮在巫山縣。」即襄王所遊之地。陽臺高一百二十丈，南枕長江，故舟人往來不可即而可指云。

群山萬壑赴荊門，生長明妃尚有村。一去紫臺連朔漠，獨留青塚向黃昏。畫圖省識春風面，環珮空歸夜月魂。千載琵琶作胡語，分明怨恨曲中論。

《一統志》：「昭君村，在荊州府歸州東北，山透水迤，自遠奔聚。靈秀所鍾，始產一明妃。」說得可惜。迄今其村尚存，起後人無限憑弔。

　　江淹《恨賦》：「若夫明妃去時，仰天太息，紫臺稍遠，關山無極。」紫臺，即紫宮也。昭君冢草獨青，又皆南向，故曰「向黃昏」。

　　「省」字宜訓作省事之省，猶約略之義。披圖召幸，豈能使面目逼真。可憐春風面，竟以不勞心眼，如雲煙過目而失之，即使珮聲珊然，是耶非耶，亦夜月魂歸而已。生既毀容於畫圖，不能識其真面；死復空歸於夜月，並不能辨其真魂。是當明妃之世，無復有知明妃者，生死皆遺恨也，故須俟之千載以下。

　　末二句宜作後人憑弔說。明君彈琵琶，無考據。明君自作曲，亦無考據。止因琵琶是胡樂，又石崇《明妃辭序》曰「昔公主嫁烏孫，令琵琶馬上作樂，以慰其道路之思，其送明君，亦必爾也」，故後人歌詠明君，多及琵琶。琵琶必作胡語，如晉、魏以來，《明妃怨》、《明妃曲》是也。

　　當日無窮怨恨，明妃不能自陳，直至千載而下，詞人墨客一一談論，方使其滿腔怨恨之心歷歷分明。故曰「分明怨恨曲中論」。此總是詠懷古蹟，若但就明君一直說下，二語便收拾不住。

　　王湯谷曰：「將二句作後人憑弔說，非惟切中事情，且見當時紅顏去國，憔悴可憐。宮中不知哀，同時不知哀，而使千載以後哀之，正韓退之所云『事有曠百世而相感者，予不自知何心也』。深悲極痛，得此拈出，遂成千古不易之解。杜陵老見之，應為首肯，應為解頤。」

　　蜀主窺吳幸三峽，崩年亦在永安宮。翠華想像空山裏，玉殿虛無野寺中。古廟杉松巢水鶴，歲時伏臘走村翁。武侯祠屋嘗鄰近，一體君臣祭祀同。

　　蜀主窺吳，為陸遜所敗。孫桓為遜前驅，截其要徑。備逾山越險，僅乃得免，忿恚而嘆曰：「吾昔至京，桓尚小兒。今迫孤至此。」遂發憤而薨。

　　《水經注》：「江水又東，逕南鄉峽，東逕永安宮南。劉備終於此，葛亮受遺處也。其間平地可二十里許，江山迥闊，入峽所無。城周十餘里，背山面江，頹墉四毀，荊棘成林。」想見空山虛無之況。

　　此詩最見公尊昭烈之義。天子所寓曰幸。天子之殂曰崩。乘輿之蓋曰翠華。尊昭烈為正統，《春秋》之筆也。首稱蜀主，因舊號耳。後篇言漢祚，帝蜀可見矣。永安宮，今改為寺。廟在宮之東。《寰宇記》：「諸葛祠在先主廟西。」

　　「松杉巢水鶴」，見民不忍伐，廟之古也。「伏臘走村翁」，見民不忍忘，祭之勤也。結句用《出師表》「宮中府中，內外一體」語。平日抱一體之忠，

千秋享一體之報。

　　諸葛大名垂宇宙，宗臣遺像肅清高。三分割據紆籌策，萬古雲霄一羽毛。伯仲之間見伊呂，指麾若定失蕭曹。運移漢祚終難復，志決身殲軍務勞。

　　此經武侯廟，瞻遺像而作也。惟大名垂宇宙，故千古而下，遺像肅然，使人瞻仰間，具見清高之品。二語中已含三分鼎力之慨。

　　魏、吳皆勁敵，彼之兵力土地，各居富強，先主僅等羈旅耳。求為三分，尚費多少籌策，何但混一。不先自立，不堪圖入。既有益州、荊州，乃可從容料理。此宜紆者一也。魏為漢賊，惟吳可以為援，必先合兵以滅魏，然後可徐圖吳。此宜紆者二也。策未嘗不盡善，而天不祚漢，功竟不成，故下句深致歎惜。

　　舊注謂三分割據，雖未伸其籌策，而萬古雲霄，長瞻其羽毛。羽毛，猶言羽儀，如鸞鳳鷺鷟，直欲抗身霄漢，獨步萬古。非也。正歎其有志無恃，胸中蘊抱，百未一展也。以武侯天人之略，使得奮其籌策，長驅席捲，雖混一寰區，光復漢祚，亦有何難？無奈操據河北，權保江東，當是時，昭烈尚無尺寸之土。隆中未出，三分之局已成。後來崎嶇奔走，�5荊入益，廢盡幾許曲折，始得偏安。又以嗣主不才，再傳而失。六出祁山，五月渡瀘，鞠躬盡瘁，所為高義薄雲霄者，徒付之灰飛煙滅，不啻羽毛之輕。取之若彼其難，失之若彼其易，故曰「紆籌策」，曰「一羽毛」。蓋深悼痛惜之詞，非讚誦語也。《太史公書》：「或重於泰山，或輕於鴻毛。」昔人亦有「孔明事業等輕毛」之句。公詩正此意耳。

　　張輔《樂葛優劣論》：「孔明包交武之德，文以寧內，武以折衝，殆將與伊、呂爭儔，豈徒樂毅為伍哉？」彭羕《獄中與諸葛亮書》曰：「足下乃當世伊、呂。」「伯仲」二句又申言。若孔明得行其志，當上侔伊、呂，下視蕭、曹。如此人豪，而生平籌策，非惟不能建伊、呂弔伐之勳，並不能同蕭、曹興漢之績，徒與羽毛同棄，豈非天運密移，廢者不可復興之故哉？公所以獨原其心而歎惜之。

　　黃維章曰：「惟公以籌策難急，指揮未定，故蕭、曹得獨見其勳，稱漢宗臣。若定，則蕭、曹爽然自失矣。」

　　蕭曹佐漢開基，遇主成功，然正天之所以祚漢也。今漢祚已移，欲以區區一隅挽回天運，亮雖有決然中興之志，豈能與天爭哉？故徒抱伯仲伊、呂之

才，不能如蕭、曹指揮而定，共〔註1〕死豈直系一身而已哉？蓋漢祚於此關興廢矣。公此詩詠懷，正為漢祚惜，非徒惜亮死也。亮之言曰：「死而後已。」蓋志決久矣。

古蹟後四首皆為蜀中事實。明妃為秭歸人，宋玉則荊州有宅，歸州亦有宅，故全首專詠，以致其懷。庾信之避難，由建康居江陵，原非蜀事，以庾信在江陵曾居宋玉之宅，故牽連及之。合而觀之，宋玉之宅、昭君之村、先主之廟、武侯之祠，庾信居宋玉之宅，皆古蹟也。「跡」字亦復不苟。

示獠奴阿段

《困學紀聞》：「《北史》：『獠無名字，以長幼次第呼之。丈夫稱阿暮阿段，婦人稱阿夷阿等之類，皆語之次第稱謂也。』」

山木蒼蒼落日曛，竹竿嫋嫋細泉分。郡人入夜爭餘瀝，稚子尋源獨不聞。病渴三更廻白首，傳聲一注濕青雲。曾驚陶侃胡奴異，怪爾常穿虎豹群。

此因公之隸人獠奴修引泉之竹有勞，而示此以慰之。公《引水》詩云：「月峽瞿塘雲作頂，亂石崢嶸俗無井。」又云：「白帝城西萬竹蟠，接筒引水喉不乾。」蓋夔地有鹽井而無泉井，俱以竹筒引山泉，蟠接山腹間，有嫋嫋而長至數百丈者。故當此山木蒼蒼，落日將黑，引水益急也。公《修水筒》詩：「荒險崖谷大，日曛驚未殞。」正因未得水故。

惟引水者甚多，故其泉分分而且細，止存餘瀝矣。而郡人當入夜之際，急爭取之。惟餘瀝故爭，爭其瀝，遂不尋其源。若能尋源，則不必爭矣。此阿段所以獨不聞爭也。

公有渴病，時當三更，不啻入夜矣。廻首以望其歸，乃稚子方尋源得泉，山泉從高而下，傳注於竹筒之內，其聲自遠而至，不復細分，但一注耳。想一注之勢，青雲亦應沾濕也。此稚子尋源之效。

王洙曰：「此詩全首皆引泉事。惟陶侃胡奴，傳紀不錄。薛夢符曰：『《晉·陶侃傳》：家僮千餘。想千餘中必有可異者。偽蘇撰為侃得胡奴，不喜言語，有胡剗見而驚，禮曰：此海山使者也。』諸注因之，妄誕可笑。」

公以胡奴比阿段，因阿段為獠奴也。邵二泉曰：「按韻，獠音寮。注云：宵獵為獠。又音老。注云：西南夷名。意阿段或夷人，故公以胡奴比之。」

〔註1〕「共」，疑當作「其」。

山峽多虎豹，虎豹必夜出。公《課伐木》詩：「空荒咆熊羆，乳獸待人肉。」
又曰：「虎穴連里閭，隄防舊風俗。」獠奴獨不畏，至於深夜入山穿走而與之
為群，公所以異而怪之也。

小至

《唐會要》：「開元八年，中書門下奏開元新格。冬至日祀圓丘，遂用小冬
日視朝。」按：小冬日即小至也。邵二泉曰：「小至，謂至前一日，如小寒食
之類。」

天時人事日相催，冬至陽生春又來。刺繡五紋添弱線，吹葭六琯動
飛灰。岸容待臘將舒柳，山意衝寒欲放梅。雲物不殊鄉國異，教兒且覆
掌中杯。

「天時人事」，四字並起。下錯互言之，總見「天時人事日相催」意。

《唐雜錄》：「唐宮中以女工揆日之長短。冬至後，日晷漸長，比常日增一
線之功。」五紋線有五色，對六而言。葭，蘆也。琯以玉為之，凡十有二。六
琯者，舉律以該呂也。《漢書》：「以葭莩灰實律管，候至則灰飛管通。」冬至
之律為黃鐘也。

觀岸有容，觀山有意，懼奇想。臘至，柳即舒；寒開，梅即放。是岸若待
臘以開柳，其容可掬；山若動寒以放梅，其意可猜。

《左·僖公四年》：「凡分至啟閉，必書雲物，以志休咎。」《吳越春秋》：
「越王曰：『風景不殊，舉目有山川之異。』」公因感雲物之不殊，而歎鄉國之
異也。有兒可呼，且盡掌之杯，聊以自遣。「且」字悽甚。身處亂離，奔走衣
食，無由責子弟之廢學，然後知此語之悲。

按：「冬至陽生春又來」一句總言天時。陽始生，春又來，正日相催也。
「刺繡」一聯言人事，「岸容」一聯言天時。添與動，待與衝，又是日相催。
雲物言天時，覆杯言人事。不殊且覆，亦相催之意。

吹笛

《風俗通》曰：「笛，漢武帝時丘仲所作也。」按：宋玉有《笛賦》。玉在
漢前。馬融《長笛賦》云：「有庶士丘仲，言其所由出，而不知其弘妙。其辭
曰：近代雙笛從羌起。」

吹笛秋山風月清，誰家巧作斷腸聲。風飄律呂相和切，月傍關山幾
處明。胡騎中宵堪北走，武陵一曲想南征。故園楊柳今搖落，何得愁中

曲盡生。

吹笛而當秋山，又當風月清之時，其音必更哀切，故云「巧作斷腸聲」。
次聯以風飄月傍分承風月。與「春日春盤」、「金華山北」二首同格。

《長笛賦》：「律呂既和，哀聲亦降。」向秀月夜聞笛，遂作《懷舊賦》。
《樂府解題》：「《關山月》，傷離別也。」二句詠笛之聲。律呂受風之飄，既和
且切，是風送笛聲也。關山無在非月，觸初皆明，是月助笛朗也。風和月明，
有聞笛而不斷腸者乎？

《初學記》：「陳周弘讓《長笛吐清氣》詩云：『胡騎爭北歸，偏知別鄉
苦。』」少陵蓋用此。獨「中宵」字，周詩未有所出，當是借用劉琨中夜耳。
《馬援傳》：「武威將軍劉尚擊武陵五溪蠻，深入，軍沒。援因請南征。援門生
袁寄生善吹笛，援作歌以和之，名曰《武溪深》。」

按《通鑑》，永泰元年，吐蕃與回紇入寇。子儀免冑釋甲，投槍而進。回
紇酋長皆下馬羅拜，子儀切責之，再成和約。吐蕃聞之，夜引兵遁去。愚謂胡
騎北走、武陵南征殆以馬援喻子儀、吐蕃為胡騎乎？此二句暗詠斷腸之意，但
不說破耳。

《演繁露》：「笛有《落梅》、《折柳》二曲。」故園楊柳，追思昔日感傷之
詞。今當清秋，楊柳必已搖落矣。忽聞折柳之笛曲，如見楊柳從愁中而生，何
笛聲之善感人耶？此借曲名翻意而結之也。「愁中」正應「斷腸」。楊柳從笛中
而生，正巧作斷腸聲也。

閣夜

歲暮陰陽催短景，天涯霜雪霽寒宵。五更鼓角聲悲傷，三峽星河影
動搖。野哭千家聞戰伐，夷歌數處起漁樵。臥龍躍馬終黃土，人事音書
漫寂寥。

舊注以陰陽為日月。愚謂陰陽應指陰晴而言。云今歲將暮矣，倏陰倏晴，
催此短景，更覺轉盼易過。天涯之中，忽霜忽雪，霜則陽，雪則陰也。此夜正
當初霽，其寒倍甚。「霽」字與上「陰陽」二字有情。

霜天清則鼓角之聲特響，而又於閣上聞之。天將曉則星河之影搖動，而又
於閣上見之。此不過閣上將曉之景，不必引漢武星動民勞之說若。將動搖作實
事看，反不見語之壯麗矣。

《禮記》：「夫子惡野哭者。」《蜀都賦》：「陪以白狼，夷歌成章。」戰伐
者奚啻千家，而千家皆哭，則戍而不歸者多矣。漁樵之人，傲然自得，何止為

夷歌，夷歌起於漁樵，則聲音移習俗矣。歌哭之聲集於將曉，此亦就閣上所聞而言。

末二語則因所見而歎也。臥龍、躍馬，俱有廟祠。在蜀二人，忠逆不同，不免盡歸黃土。以言我今日之人事，則流離而滯此地；以言我此際之音書，則懷思而不能來。如此之寂寥，亦何異臥龍、躍馬之漫然埋沒乎？韓退之詩：「莫憂世事兼身事，須著人間比夢間。」可想「漫寂寥」之意。

洞陽公曰：「中四句歎時事，結二句歎人世，其感益深。後之視今，猶今之視昔。昔之喪亂如此，今之人事如此，寂寥之感，千古一黃土耳。」公詩云：「古人喪亂皆可知，人世悲歡暫相遣。」可與此參悟。

見王監兵馬使說近山有白黑二鷹羅者久取竟未能得王以為毛骨有異他鷹恐臘後春生騫飛避暖勁翮思秋之甚眇不可見請余賦詩二首

黃鶴曰：「舊史：大曆初，衛伯玉丁母憂，朝廷以王昂代其任，伯玉潛諷將吏，不受詔，遂起復再任。王兵馬，得非王昂乎？」

雲飛玉立盡清秋，不惜奇毛恣遠遊。在野只教心力破，於人何事網羅求。一生自獵知無敵，百中爭能恥下韝。鵬礙九天須卻避，兔藏三窟莫深憂。

《酉陽雜俎》：「漠北白鷹，鷹內之最，有房山白、漁陽白、東道白。」此詠鷹如雲之飛，如玉之立，皆言其白也。「盡清秋」，即序所謂「勁翮思秋之甚」。「恣遠遊」，即「騫飛避暖」也。張性曰：『盡清秋』，謂能盡覽清秋之色。故雖有奇毛，不肯深藏，而恣意遠飛也。」黃維章曰：「『不惜』字、『恣』字，寫出鷹之敢於履險蹈危，起下『直教破』、『何事求』二語。」

心力，指羅者言。在野、於人，見其不離野，不避人也。題中有「近山」二字，野中嘗在，於人不遠，所謂近山也。乃羅者之心力既破，竟不可網取而得，方見其異於他鷹。「於」字，諸木多作「千」，觀下「一生」、「百中」、「九天」、「三窟」，此句自不應再用「千」字。

本是野鷹，不受人招呼，故云一生自獵，非他鷹可與為敵也。或作「無數」，不如「敵」字之勁。庾信詩：「野鷹能自獵，江鷗解獨漁。」《東觀漢記》：「相虞歆曰：『善吏如使良鷹，下韝命中。』」韝，臂捍也，以皮為之，百中爭能。而恥於下韝，不受人拘束也。此聯亦言其終不可得耳。

《孔氏志》：「楚文王好獵，有人獻一鷹，王見其殊常，故獵於雲夢。此鷹瞪目竦翮，擊大鳥墮地，兩翅廣數十里。時有博物者曰：『此大鵬雛也。』」此

言礙天之鵬，須卻避之；若三窟之兔，不必深憂，以其不屑於小也。

黑鷹不省人間有，度海疑從北極來。正翮搏風超紫塞，玄冬幾夜宿陽臺。虞羅自各虛施巧，春雁同歸必見猜。萬里寒空祗一日，金眸玉爪不凡材。

前首以雲飛玉立言白，以此疑從北極來言黑。黑者，北方之色也。高在略一隱映，不黏帶黑字。

從北極來，故超越紫塞之外。宿陽臺，則南至巫峽神女之陽臺，題中所云近山也。

隋魏彥深《鷹賦》：「何虞者之機巧，運橫羅以羈束。」今云虛巧，則題中云竟不可得也。

黑鷹欲來則來，欲歸則歸。雁自春而來，至秋而歸。黑鷹亦與之同。總見不受人控制意。但春雁猜其搏擊，必不敢與同飛也。徐文長曰：「所云猜者，正猜結二句也。蓋黑鷹疾飛異狀，雁所未嘗見，故猜之。」

一日萬里，不知天之寒且空，其飛之神速如此。金眸玉爪，言其狀之貴特，非凡鷹之材可擬也，從此眇不可見矣，宜公賦詩以誌其異。

愚按：鷹之白者，其質則雲飛玉立也，其鷙則鵬避兔憂也，自獵無敵，百中爭能，其力絕者也。故子美稱之曰奇毛。鷹之黑者，其狀則金眸玉爪也，其捷則萬里一日也。陽臺自宿，春雁同歸，其德全者也。故子美稱之曰正翮。奇毛、正翮四字是兩鷹定評。篇內之眼，人未拈出。

嚴顥亭曰：「賦二鷹，渾茫點意。白者不可移之黑，黑者不可移之白。若他人便須著相。」

張璁曰：「按：王兵馬，荊南趙芮公猛將。公嘗為賦二角鷹，言其勇銳與相敵。此亦所以況之也。」

黃漢臣曰：「黃石識子房於圯橋而退老穀城，德公拜孔明於床下而長隱鹿門，殆『一生自獵知無敵，百中爭能恥下鞲者』乎！魏武欲以游說致公瑾，而不能奪其知己之感；桓溫欲以豪傑招景略，而不能解其共國之嫌；殆『虞人不用施羅巧，春雁同歸必見猜』者乎！千古高人奇士性情出處，等閒從二十八字拈出，可想老杜胸中全史。」

奉送蜀州栢二別駕將中丞命赴江陵起居衛尚書太夫人因示從弟行軍司馬位

廣德二年置夔涪中都防禦使，治夔州。夔州都督當兼領防禦使。中丞蓋其

兼官也。栢茂琳以節度使遷夔州中丞，乃茂琳也。栢二別駕，名未詳。

當是大曆元年歲晚作。二年，栢已去夔，崔卿攝郡矣。位為公之侄。公□從弟，應是從侄之誤。

中丞問俗畫熊頻，愛弟傳書綵鷁新。遷轉五州防禦使，起居八座太夫人。楚宮臘送荊凹水，白帝雲偷碧海春。與報惠連詩不惜，只知吾班鬢總如銀。

漢制：刺史車，畫熊於軾。栢貞節以牙將授刺史，正宜畫熊。故黃鶴、蔡夢弼俱指貞節言。錢牧齋曰：「中丞乃茂琳也。《後漢・輿服志》：『公列侯車，倚鹿仗熊黑幡。』」

問俗，問民風土俗也。「頻」字根「問俗」來。因問俗之頻，無暇他及，故以傳書問安，託愛弟別駕。

黃鶴曰：「貞觀十四年，夔州為都督府，督歸、夔、忠、萬、涪、渝南七州。至德元年，於雲安置七州防禦使。詩云『五州』，誤也。按《方鎮表》，廣德二年，置夔、忠、涪都防禦使，治夔州，原領夔、峽、忠、歸、萬五州，故曰『五州』。此指中丞言。」

隋以六尚書、左右二僕射合為八座。唐制同。《〈漢文帝紀〉注》：「列侯妻稱夫人。列侯死，子復為列侯，得稱太夫人。」《後漢・岑彭傳》：「大長秋以朔望問太夫人起居。」考衛伯玉廣德元年拜江陵郡牧防禦節度，尋加檢校工部尚書，封陽城王，其母加鄧國太夫人。公有《奉賀陽城郡王太夫人恩命》詩。曰太夫人，尊之也。曰起居，使別駕侯問其起居之安否也。考衛尚書毋於是年卒，必因其寢疾而起之。又按：五州防禦使隸江陵節度栢中丞，乃衛尚書屬官。侯問起居，尤不容緩。

楚宮、白帝，俱指夔言。則春意已動，凍釋流迅，水從荊門而順下，正可至江陵時也。瞻白帝城中之雲，便知春色已滿，水天一色。雲能偷碧海之春，則益可乘純色而往矣。水流，其顯馳者也，故曰送。雲春，其暗映者也，故曰偷。別駕乘彩鷁以至江陵，臘既送水，雲復送春，安得不快然而承命乎？

以惠連比弟位，云非惜詩不示汝，當知吾頭已盡白，緣苦吟之故，故無詩相寄也。題云「因示從弟」，是一詩兩寄，正緣老不能多作。時位在江陵，為行軍司馬。

辟疆園杜詩注解七言律卷之五

觀陽李贊元望石甫閱

梁溪顧　宸修遠甫著

同里黃家舒漢臣甫評

赤甲

赤甲，山名。其山高大，不生草木，土皆赤色，故名赤甲。大曆二年，公在夔州西閣。春遷居赤甲。三月，又遷瀼瀼西。

卜居赤甲遷居新，兩見巫山楚水春。炙背可以獻天子，美芹由來知野人。荊州鄭薛寄書近，蜀客郗岑非我鄰。笑接郎中評事飲，病從深酌道吾真。

赤甲在瞿塘峽口，水由此而下荊襄，故見巫山楚水。公自大曆元年春至夔州，至此兩見春矣。

《列子》：「宋國有田叟，常衣縕黂，僅以過冬。暨春，自曝於日。顧謂其妻曰：『負日之暄，人莫知者。以獻吾君，將有重賞。』里之富室告之曰：『昔人有美戎菽、甘枲莖芹萍子者，鄉豪取而嘗之，蜇於口，慘於腹，哂而怨之，其人大慚。子此類也。』」公言當此春日，山居無事，惟有炙背之樂，可獻天子；美芹之味，野人自知。此外無所有也。可想赤甲之居荒陋如此，言外亦見野人區區之意不能上獻，惟甘芹味於赤甲中耳。

蔡夢弼曰：「鄭審、薛琢、郗昂、岑參，皆甫之故舊也。」黃鶴曰：「鄭是江陵鄭少尹，薛是石首薛明府，岑是岑嘉州，郗是梓州郗使君。」符載作《楊歐墓誌》：「永泰三載，相國杜公鴻漸奏授歐犀浦縣令。僚友杜員外甫、岑郎中參、郗舍人昂。」郗、岑同在犀浦，故曰蜀客。公時欲出峽，云自此而下既達荊襄，鄭、薛二君雖未必會面，寄書亦近也。離蜀而去，岑、郗已非我鄰，云與漸遠也。此預道出峽之事。

郎中，應是吳郎。司法，蓋刑曹也。評事，即崔評事。時公方病，喜兩人者可與酌酒而道吾真，故笑接之。此則接至赤甲中聊與同芹味者。

公在赤甲，所懷者六人。鄭、薛、郗、岑，公之交；吳、崔，公之戚也。鄭、薛則寄書以慰之，不欲疏其音問，誼猶似稍緩。岑、郗與公交尤密，將去蜀而不忍別，謂自今以後，便非我鄰，情已甚悵矣。至郎中、評事，公之至戚，恐一旦自離赤甲，遂不得與相見，故雖在病中，必接來共飲，以道吾真，便有傾肝瀝膽、凡事與相酌意。蓋公欲出峽，此身茫未知歸著，公必與二子計。二子或能為公計炙背之暄，欲獻吾君美芹之味。「自甘野老」二語中隱寓出虛無定之意，從此道出真來，是在二子樽酒相對間矣。

崔評事弟許相迎不到應慮老夫見泥雨怯出必愆佳期走筆戲簡

公有《贈崔十三評事公輔》詩，云：「舅氏多人物。」舅氏應指評事之父。評事，其中表兄弟也。係戲簡，故詞寓戲意。當是大曆二年春在夔州西閣作。

江閣邀賓許馬迎，午時起坐自天明。浮雲不負青春色，細雨何孤白帝城。身過花間沾濕好，醉於馬上往來輕。虛疑皓首衝泥怯，實少銀鞍傍險行。

孫能傳《剡溪漫筆》云：「王右軍在郡迎王敬仁，敬仁每用車，常惡其遲。後以馬迎敬仁，雖復風雨，亦不以車也。杜詩『江閣邀賓許馬迎』用此事。時當泥雨，尤為著題，但驟讀之不覺耳。」

江閣，即公所居之西閣，謂從江閣而邀賓也。公於大曆元年春晚，自雲安至夔。今曰「青春色」，曰「花間」，非晚春可知，其為次年西閣無疑也。張伯成以江閣為崔所居，謬甚。

本謂自天明起，坐至午時，候崔借馬來迎，故作倒句，曰「午時起坐自天明」。不用倒法，則文義太直，倒則意言皆曲矣。且起而復坐，具見候迎之況。

自天明以來，見天際有雲，則起而瞻之，喜是浮雲，則不能掩青春之色，可不礙赴崔之期。見天意欲雨，則又起而望之，喜是細雨，則不能阻城中之邀。即可與崔相對不孤也。蓋崔居城內，公居城外，公不赴，反覺城內為孤，總望崔急迎之意。

崔若雨中來迎，則從此而往，或身過花間，雖細雨潤花，花間有濕，我則

沾濕亦好也。崔果備馬來迎，則赴崔醉飲，一醉之後，馬上往來，反為輕便，謂人與馬相忘也。一句是逆計去路，一句是預道歸途。兀坐閣中，先將去路歸途一一遙揣其景況，是猶未絕望崔迎也。

未二句方是責其不來迎，謂崔之不我迎者，得毋疑我之皓首懶出，因細雨而怯於衝泥乎？是虛疑也。既許馬迎，竟不見銀鞍之至，使我得傍險而行，故衍佳期耳。其實我之侯迎已久，崔何必為此過慮乎？雖曰戲簡，欲往之情甚為真摯。親親之誼，不覺言之真率如此。

即事

暮春三月巫峽長，皛皛行雲浮日光。雷聲忽送千峰雨，花氣渾如百和香。黃鶯過水翻回去，燕子銜泥濕不妨。飛閣捲簾圖畫裏，虛無只少對瀟湘。

巫峽首尾一百六十里，故曰長。雲厚則掩日，雲斷則漏日。今雲行於日下，不掩不漏，故日光浮於雲上，皛皛而明。「浮」字奇。

「送」字寫驟雨之狀。雷聲一送，千峰皆雨。千峰之花氣俱從雨後合香，如百和香也。漢武時，月支國進百和香。《古詩》：「博山爐中百合香，鬱金蘇合與都梁。」

鶯驚雨驟，是以欲過水而復回；燕喜泥融，是以經雨濕而爭銜。

飛閣，公所居之閣。乍晴乍雨，香氣薰人；燕往鶯來，憑欄寓目。捲簾一望，正如一幅畫圖。

巫峽長則水勢狹。雨至，但增迅流，且岸灘蔽障，不能一望虛無，不如瀟湘之空曠，水天無際，快人心目也。故言巫峽雨後之景僅堪圖畫，所少者只對瀟湘之壯闊耳。蓋公本厭峽中擁塞，而思洞庭瀟湘之映空，其時正艤舟欲出峽，下荊湖也。

江雨懷鄭典設

典設，從六品，掌太子湯沐、灑掃、鋪陳。

春雨闇闇塞峽中，早晚來自楚王宮。亂波分披已打岸，弱雲狼藉不禁風。寵光蕙葉與多碧，點注桃花舒小紅。谷口子真正憶汝，岸高瀼滑限西東。

闇闇塞峽，雨氣填滿，無罅隙之留也。惟鬱悶，故懷人。朝行雲，暮行雨，所云早晚來也。

黃仲霖曰：「『亂波分披已打岸』，江因風擁也。『弱雲狼藉不禁風』，雲隨風走也。此二句俱是風。『寵光蕙葉與多碧』，雨濕則蕙葉碧也。『點注桃花舒小紅』，雨飛則桃花紅也。此二句俱是雨。」洞陽公曰：「『亂波』二句是大雨景，『寵光』二句是細雨景。」

《紫桃雜綴》曰：「寵光點注，唐時有此二語。施之官職選授間，所云寵光者，特恩之意；點注者，注授之意。」愚按：公擁塞無聊，卻將寵光點注加之蕙葉桃花，蓋公既謝官隱居，典設亦係微官，況已隱同子真，則惟吾位置者，花草而已。亦見雨露之恩，蕙葉桃花偏得沾之，而吾與典設同塞峽中，一居瀼西、一居瀼東，獨悵望而不得沾也。故江雨乍大乍小，雨景乍暗乍明。懷人之念，不覺睹物而倍感耳。

瀼，水名。夔有澗水，橫通山谷間，謂之瀼。居人分左右，謂之東西。時公又自赤甲遷瀼西，而典設居瀼東也。瀼岸既高且滑，故不得相從以抒懷。

晝夢

二月饒睡昏昏然，不獨夜短晝分眠。桃花氣暖眼自醉，春渚日落夢相牽。故鄉門巷荊棘底，中原君臣豺虎邊。安得務農息戰鬥，普天無吏橫索錢。

公以大曆元年春晚，自雲安遷居夔州，則是詩之二月乃居夔明年之二月也。二月晝晝夜平分，而饒睡至於昏昏，此非因夜短之故，正因昏昏，故雖正午猶眠也。

桃紅色盛，暖氣自生。暖氣醉眼，形容眼之自閉也。春渚清瑩可愛，以睡之故，乃任春渚之日落，夢中之境有牽我者，故渚落而夢猶未醒也。桃花春水，豈昏人之物？公閉眼是夢，開眼即是愁，直欲以夢鄉為醉鄉矣。

張性注：「以下四句，為申言晝夢之故。」非也。憶故鄉，憶中原，思農務，正睡覺憂思之詞也。忽從醉夢之中驚思故鄉，則盡成荊棘；驚思中原，則豺虎縱橫。因念當此二月，乃農務之時，安得戰鬥盡息，使普天虐吏不得藉口軍需，橫征暴斂，庶幾心眼一醒乎？嗚呼！公至此又耿耿不成寐矣。

季夏送鄉弟韶陪黃門從叔朝謁

龍朔二年，改黃門侍郎曰東臺侍郎。乾元元年，又曰黃門。鄉弟，故鄉同姓之弟。

令弟尚為滄水使，名家莫出杜陵人。凡來相國兼安蜀，歸赴朝廷已

入秦。捨舟策馬論兵地，拖玉腰金報主身。莫度清秋吟蟋蟀，早聞黃閣畫麒麟。

王槐野曰：「題曰詔陪黃門朝謁，則黃門為重，詔為輕。故此詩但首二句美詔，後六句皆屬黃門。」愚謂非也。題曰送詔，則詔為重，黃門為輕。此詩通首俱是期詔之詞。

《吳越春秋》：「禹傷父功不成，乃巡衡山，血馬以祭。忽夢赤繡衣男子，自稱玄夷滄水使者，授禹以金簡玉書，因得治水之法。」時詔兼開江使，通成都郊外江下峽舟船之職。杜陵有南北杜，最為名家。言詔尚為此職，惜其官甚卑，而從叔為相國，總不出杜陵名家也。

黃鶴曰：「大曆元年，杜鴻漸以黃門侍郎同平章事，鎮蜀平崔旰之亂。二年還朝。」「已入秦」，言已歸杜曲也。捨舟策馬，指詔言。詔為開江使，則舟是其職。因從黃門，故有時捨舟策馬，與黃門談兵，是其勤勞從事於論兵之地，實所以左右相國報主之身也。拖玉腰金，指相國。

潘岳《秋興賦》云：「蟋蟀鳴於軒屏。」借潘岳仕不顯以喻詔，言詔莫淹留途次，作蟋蟀吟也。自季夏至清秋，為時未免遲矣。

黃閣，漢蕭何所造。宣帝圖功臣霍光等十一人於麒麟閣。相國必當圖畫麒麟。願詔早到朝，則早聞也。諸注俱云公欲早聞，便不切送詔，且收局懶散矣。

送李八秘書赴杜相公幕

唐制：秘書郎，從六品。李秘書居青城山中，杜鴻漸平崔旰，實資其謀。今入朝，擬表用之。公有《別李秘書》詩，曰：「幕府籌頻問，山家藥正鋤。臺星入朝謁，使節有吹噓。」黃鶴曰：「大曆二年六月，劃南節度使杜鴻漸入朝，辟李秘書入幕。杜蓋先行，李追赴之也。」

青簾白舫益州來，巫峽秋濤天地回。石出倒聽風藥下，櫓搖背指菊花開。貪趨相府今晨發，恐失佳期後命催。南極一星朝北斗，五雲多處是三臺。

青簾白舫，官舟也。成都，漢曰益州。由益州而至巫峽，秋濤旋轉，天地之勢俱若為之倒回。此言峽勢、濤勢欲阻，而舟行甚迅也。

沿峽高崖之石斜出於崖外，石蔽舟頂，楓落石頂，過石底而倒聽石上落楓之聲。聲可聞，楓反隱而不可見。「倒聽」字奇。山間菊花，迎舡而開。舟迅則花之在前者忽移在後，及見不及指，但有反手而指其所開之處。「背指」字

更奇。巧寫乘舟順流而下之景。

《左傳》:「宰孔謂齊侯曰:『且有後命,毋下拜。』」今晨即發,而後命已催,見杜須秘書之急。

南極星在益州分野。李秘書自益州赴長安,故云「南極朝北斗」。《天官書》:「斗魁六星,兩兩相比者為三臺,在北斗之旁,三公之象也。」指杜言。董仲舒曰:「太平之時,雲則五色而為慶,三色而為矞。」五雲多,言朝廷寵渥相公之厚,如五色層雲也。望五雲而赴相公之幕,亦是舟中遙望之詞。

洞陽公曰:「前四句自益州來巫峽,喜其戒途無危險之虞;後四句言自巫峽赴相公幕,喜其遇主有同升之望。」

灩澦

《寰宇記》:「灩澦堆在瞿塘峽口,冬出水二十餘丈,夏水漲則沒。土人云:『灩澦大如象,瞿塘不可上。灩澦大如馬,瞿塘不可下。』峽以此為水候,舟人取應不決,名曰猶預。」

灩澦既沒孤根深,西來水多愁太陰。江天漠漠鳥雙去,風雨時時龍一吟。舟人漁子歌回首,估客胡商淚滿襟。寄語舟航惡年少,休翻鹽井橫黃金。

灩澦水漲則沒。今曰「孤根深」,則既沒而藏根最深,水勢不測甚矣。江水發源岷山,故曰「西來」。「愁太陰」者,雨多則陰,令人愁也。

江天漠漠,風雨時時,正太險之象。惟飛鳥不畏水,故見其雙去。然能去者,惟飛鳥耳。龍一吟,喜水勢壯闊而吟也。惟聞龍一吟,則此外無吟者矣。隱起下二句。舟人漁子慣習水勢,當此暴漲,俱回首而不敢下,然猶歌唱自然,或鼓上水之舟,或覓他處之漁,不害其生理也。至估客胡商,權子母以計時日,勢必欲下峽而去,惟相對抱歡,至於淚滿衣襟也。舟人漁子亦回,映上惟鳥可去。估客胡商下淚,映上惟龍一吟。四語中,物情人情摹寫欲盡。

《留青日札》:「淮險惡少年,漢昭發惡少年戍遼東,即所謂無賴子弟也。蜀多鹽井,夔亦有之,估客胡商以厚本博厚利,鄭重而不敢輕下。惟惡少營鹽,原無厚本,止圖橫取耳。翻,傾盡也。譜傾鹽井之鹽,冒險下限漲,以橫博黃金也。公深戒之,正言灩澦之險,雖惡少亦復無可奈何耳。」

簡吳郎司法

公大曆二年在巫州西閣,春遷居赤甲,三月遷瀼西,秋遷東屯,以瀼西草

堂暫借吳居。

有客乘舸自忠州，遣騎安置瀼西頭。古堂本買藉疏豁，借汝遷居停晏遊。雲石熒熒高葉曉，風江颯颯亂帆秋。卻為姻婭過逢地，許坐屑軒數散愁。

忠州，古巴地。吳自忠州來，公遣騎以迎之。

公性喜疏豁，故每以擁塞為恨。「雲石」一聯，正見其疏豁處。

因高葉見雲石之熒熒，因亂帆見風江之颯颯。高葉當曉，雲石之間，光影閃動，尤見其熒熒。亂帆當秋，風江之上，氣象蕭森，尤見其颯颯。此古堂之景也。

壻之父，女之父，相謂為姻。兩壻相謂為婭。吳必公之姻婭，故呼為吳郎，親之也。過逢，謂公過而吳迎也。層軒堂，堂前軒也。言我來相訪，卻視為吳家之地，但許坐我於軒外，頻來散愁而已，未敢直入室奧也。亦相謔之詞耳。王槐野曰：「我欲數來相訪，坐層軒而散客愁，則子許之乎？」解更活。

又呈吳郎

堂前撲棗任西鄰，無食無兒一婦人。不為困窮寧有此，祗緣恐懼轉須親。即防遠客雖多事，使插疏籬卻任真。已訴徵求貧到骨，正思戎馬淚沾巾。

前四句，言公昔所以待西鄰之婦者如此。「遠客」二句，欲吳郎亦任之，不必使置防也。後二句，推言貧人之苦，又不獨西鄰矣。

庾肩吾云：「池通西舍之流，窗映東鄰之棗。」子美「堂前撲棗任西鄰」，用庾語耳。《容齋二筆》曰：「王荊公《詩新經》：『八月剝棗，解云：剝者，剝其皮而進之，所以養老也。』毛公本注云：『剝，擊也。』陸德明音普卜反。荊公皆不用。後從蔣山郊，步至民家，問其翁安在，曰去撲棗，始悟前非。」

「無食無兒」，不合說四字，不見其苦。蓋有食，則無兒亦可自給；有兒，則無食亦可少慰。況曰「一婦人」，是終不能謀食、終不能有兒也。公之深憐以此。

「不為困窮」二語，公深體鄰婦之心，又曲全鄰婦之體。彼恐懼，而我轉親之。慈悲心，經濟手也。於困賤人，非惟體悉，又生出一段愛敬，彼嘷蹴者何人？

鄰婦昔於公則恐懼，今見遠客至，又防，乃知彼婦亦自惜其體，只因追於

無食無兒，無可奈何耳。公反謂其多事。因昔日已任之，今防亦多事也。使吳插籬，則分疆畫界，太於區區棗樹任真矣。

昔婦曾訴公徵求之苦。因徵求而貧，貧且到骨，無可訴而訴之公，正應上「無食無兒」四字。公忽然垂淚，因鄰婦而思戎馬。戎馬且遍天下，則天下之如鄰婦者多矣。公詩「安得廣廈千萬間，大庇天下寒士俱歡顏」，與此同一愴懷。

周元亮曰：「『貧到骨』，即上文困窮之狀。誅求，困窮之因。戎馬，誅求之因。細玩味愈永。」

夜

大曆二年夔州作。

露下天高秋水清，空山獨夜旅魂驚。疎燈自照孤帆宿，新月猶懸雙杵鳴。南菊再逢人臥病，北書不至雁無情。步簷一作「蟾」。**倚仗看牛斗，銀漢遙應接鳳城。**

題曰夜，正以秋露既下。天高水清，泊舟千空山之中，魂夢不能自安也。

公《秋興》詩曰：「孤舟一系故園心。」謂雖有故園之心，舟仍繫也。孤帆夜泊，此時正繫而不能去。九月固授衣之候，乃新月方懸，而搗衣之杵已雙，備寒之人情漸以急，歷寒之旅況愈以悲矣。兩人對搗曰雙。

公以大曆元年春至夔州，秋寓於夔之西閣，明年秋遷東屯，仍在夔也。夔州為南楚。在夔凡兩秋，故云「南菊再逢」。時艤舟欲出峽，而臥病未能，但望北書之至耳。

《楚辭》曰：「曲屋步櫩。」漢相如賦：「步簷周流。」即今之飛簷步廊也。古者六尺曰步。今之廊簷，大率廣六尺。俗本作步蟾，非。牛斗二星，在銀漢邊，其長竟天，若與鳳城連接者然。鳳城，長安城。

既孤宿，又臥病，旅不可歸，書不可得。逐句遞進增愁，至於病不能臥，強起而步，步不能行，暫立而倚杖。難冀北書，但看北斗。人隔於地，無可如何，空羨天河連故土耳。此與《秋興》第一首語相出入。

返照

諸注俱云：此詩雨後晚景，並以自歎，非賦返照，姑以為題耳。愚謂通首俱是返照，且是雨後返照，不得草草看過。

楚王宮北正黃昏，白帝城西過雨痕。返照入江翻石壁，歸雲擁樹失

山村。衰年肺病惟高枕，絕塞愁時早閉門。不可久留豺虎亂，南方實有
未招魂。

楚王宮在巫山縣西北，黃庭堅謂細腰宮是也。宮北背日，故易昏。遇雨則
益易昏。雨過而昏，色且黃，即見返照之意。

雨急，故有痕跡。城西落日，反照回射，照見雨過之痕也。

雨後之返照與晴照不同。石壁倒影於江中，原不易見。既遇雨，益不見
矣。雨過而斜陽透入江內，倒者皆豎，晦者皆顯，一一翻之使出。「入」字、
「翻」字，善寫水中之影。

山村臚列於樹間，本屬易見。既逢返照，益易見矣。乃雨既過而雲歸山
際，先擁於樹之上，雲密則樹失，樹密則山村俱失。反著此句，以見若非返
照，則云護山村終不能見也。此正善寫返照處。唐汝詢曰：「日映江而石壁動
搖，雲擁樹而山村若失，正以返照之光乍見乍滅耳。」

公有肺病，肺病易喘，惟高枕可以安之。旅客絕塞，時事堪愁，閉門不
容不早。此二句謂時已當返照，日將瞑矣，可以閉門高枕矣，正因返照而有
警也。

黃鶴曰：「公屢以諸鎮之強比豺虎。」是時楊子琳攻崔旰未已，公知子琳
將變，故曰「不可久留」。明年，子琳果殺夔州別駕張忠，據其城。宋玉《招
魂》曰：「魂兮來歸！南方不可以止。」公引以自況也。

見螢火

《爾雅》：「螢火一名夜光。」《詩》：「熠耀宵行。」即螢火也。

巫山秋夜螢火飛，簾疏巧入坐人衣。忽驚屋裏琴書冷，復亂簷邊星
宿稀。卻繞井欄添個個，偶經花蕊弄輝輝。滄江白髮愁看汝，來歲如今
歸未歸。

題是「見」字。上六句疊書所見。

由山上而到簾間，由簾間而入衣上，曰坐，如黃鶯並坐之坐。「坐」字甚
奇。「坐人衣」則在屋裏矣。由簷外而入屋裏，由屋裏而復出簷前，由簷前而
下繞井欄，曰卻，如卻立之卻。繞井而飛，影照井中，一影添為兩螢，故曰
「個個」。由井欄而復穿花蕊，花之輝與螢之輝相映，故曰「弄輝輝」。或曰：
螢尾後之光迭開迭闔，不停一瞬，如弄光者。然「弄」字工於體物，合言之，
所云見螢火也。

末二語結出「看汝」二字,將遠飛近飛之高低一一看出。飛山為高,穿簾為低,入衣益低,屋裏、出簷,前復高,繞井、穿花,復低而高。無所不看,無所不愁。今歲愁看,那堪明歲復看。至以歸期問之螢火,感慨無聊亦極矣。

暮歸

霜黃碧梧白鶴棲,城上擊柝復烏啼。客子入門月皎皎,誰家搗練風淒淒。南渡桂水闕舟楫,北歸秦川多鼓鼙。年過半百不稱意,明日看雲還杖藜。

梧葉碧,經霜則黃。白鶴棲,不必棲於梧上。總就歸途所見言之。梧黃是秋深之景,白鶴棲則暮色也。城,白帝城也。城上聞擊柝之聲與夜啼之烏,則益暮矣。

皎皎月色,淒淒搗聲,暮歸所見所聞也。既「入門」矣,仍曰「客子」,原是未歸之客也。聞「搗練」矣,乃曰「誰家」,則不復知為誰氏,且不知吾家已備寒否也。寫出漂流漫寄,人情不相屬,客衣無處寄之況,故下復躊躇,不知所歸。

《一統志》:「衡州之川,一為桂陽。」《水經注》:「秦水出大隴山,歷秦川。川有秦亭,秦仲所封也。」時公欲出峽,暫趨江陵,由湘潭以至秦川。乃南往既闕舟楫,北歸又多鼓鼙,真是無可奈何。是年吐蕃寇靈州、邠州,京師戒嚴。鼙,馬上鼓也。

是年公已五十六矣,故曰「年過半百不稱意」,言徘徊展轉,無一如意者,總因此身無歸定處也。暮之歸懷,觸目增愁,明日惟看雲而已。由「暮」字想到明日。此中有無數惆悵,無數曲折。「還杖藜」者,還如今日之歎舟楫而恨鼓鼙,倚杖而吟也。種種忖度,正是不稱意處。瞻雲望故鄉,人情最無聊之況。暮不能看雲而俟之明日,明日復然,是終無北歸之日,正終無稱意之日也。劉向《新序》:「原憲杖藜而應門。」

即事

天畔群山孤草亭,江中風浪雨冥冥。一雙白魚不受釣,三寸黃甘猶自青。多病馬卿無日起,窮途阮籍幾時醒。未聞細柳散金甲,腸斷秦川流濁涇。

草亭,瀼西草堂也。時公自東屯復歸瀼西,言眾山際天,而一草堂在其

間，又值江中風浪，其蕭瑟可知。《楚辭》：「雷填填兮雨冥冥。」

張綖曰：「峽中有嘉魚，長身細鱗，肉白如玉，春社前出穴，秋社即歸。時已九月，故云不受釣。」徐燉曰：「凡柑皆圓，獨成都產者形如鴨卵，故子美詩云『三寸黃柑猶自青』，三寸言其長也。」

周亞夫駐軍細柳營，在長安昆明池南。未散金甲，時防吐蕃，京師正戒嚴也。秦川，或作秦州。按：涇水之流不經於秦州，而上句方言京師戒嚴，不應說到秦州，不相接續，斷以秦州為是。秦中川水之大莫如涇渭。獨言濁涇，不言清渭，正應上金甲未散。

覃山人隱居

南極老人自有星，北山移文誰勒銘。徵君已去獨松菊，哀壑無光留戶庭。予見亂離不得已，子知出處必須經。高車駟馬帶傾覆，悵望秋天虛翠屏。

趙次公曰：「老人星，一名南極，在井、柳之間，乃南方之星。山人隱居此地，自是南極老人星也。」按：覃山人必老而就徵者，公過其隱居之所，而傷其隱之不終也。含諷全在「老人」二字。

《齊書》：「周顒，字彥倫，隱鍾山，後出為海鹽令。欲再過北山，孔稚圭德璋假山神作文以移之。」此正藉以譏山人，謂此文當勒銘以垂後戒也。

洞陽公曰：「《西漢・天文志》：『狼北地有大星，曰南極老人。此星見則治安，不見則兵起。』以比覃山人之出也。」然則出處乃其常理，何必勒銘以卻之？「自」字、「誰」字相呼應，語有抑揚，為覃山人張本。全詩意欲招隱，首先謂其應出，纔有開闔。

徵君之名起於漢，如黃憲、郭林宗、黔婁、管寧之類，不獨晉陶潛也。「獨松菊」，借用陶潛「松菊猶存」之句。山人就徵而去，故云「哀壑無光」。壑聲如哀，謂之哀壑。謂山人既去，則丘壑亦慚也，獨留庭戶在耳。言之淒然冷然。

按：上四句終言山人既老，則不宜出，為周顒之見移於文固不可，即如陶潛之賦《歸去》，來亦已晚也。戶庭蕭瑟，豈不令空山笑人？下四句以經歷責之，以傾危聳之。

「余見亂離不得已」，諸注謂公自思匡濟，不得已而出。甚謬。猶云余見此亂離，方無可知如何，子則明於出處之道者，必須經歷而後出，胡為乎輕出也？

四皓歌曰：「高車駟馬，其憂甚大。」楊雄《解嘲》曰：「客徒欲朱丹吾轂，不知一跌赤吾之族。」言今即高車駟馬，恐必有傾覆之憂，故深戒之。翠屏，山名。「悵望」句，諸解竟與「哀壑無光」句同一意，豈有八句之中有兩句同意者乎？愚謂此句緊根上句說，謂當傾覆相隨之時，悵望翠屏，徒虛悵耳。如此方與「哀壑」句不復。

黃仲霖曰：「李斯東門黃犬之悲，陸機華亭鶴唳之痛，比比而是，須從傾覆時說到回想故山，方見警切。拈出此義，直令一切五侯七貴毛骨悚然。」

九日

大曆二年夔州作。

重陽獨酌杯中酒，抱病起登江上臺。竹葉於人既無分，菊花從此不須開。殊方日落玄猿哭，舊國霜前白雁來。弟妹蕭條各何在，干戈衰謝兩相催。

曰「獨酌」，曰「抱病」，無聊之極。酒雖酌，若與無分者然。花雖開，若不必開者然。意不在酒與花也。

竹葉，酒名。今酒既無分，則菊花不須開矣。二句意相承下。

《古今詩話》：「北方白雁，秋色乃來。來則霜降，人謂之霜信。」

按舊史，是年九月，吐蕃寇邠州、靈州。干戈指吐蕃。衰謝，公自謂也。干戈、衰謝，雨相催逼，不覺忽忽又重陽矣。

此九日憶弟妹而作也。首句曰「獨酌」，已見憶弟妹意。抱病而起，起而強登高，便有徘徊四望，弟妹何往之歎。故緊接云「竹葉於人既無分」，見酒而不見弟妹，是酒於人無分也，言不能與弟妹同飲也。又云「菊花從從不須開」，見花而不見弟妹，是花亦從亂人意也，言不能與弟妹同摘也。殊方日落，惟聞猿哭，益增獨處之悲。故國霜前，定已雁來，能無雁行之念？以異地之蕭條知弟妹之蕭條。曰「各何往」者，見離散非一處也。所以阻弟妹者，干戈之故；所以憶弟妹者，衰謝之情。干戈既催衰謝，衰謝又逼干戈，是兩相催也。此日獨酌之懷，其何如耶？此日登高之懷，其何如耶？

冬至

大曆二年作，時在瀼西。

年年至日長為客，忽忽窮愁泥殺人。江上形容吾獨老，天涯風俗自相親。杖藜雪後臨丹壑，鳴玉朝來散紫宸。心折此時無一寸，路迷何處

見三秦。

邵二泉曰：「冬至日為窮愁日。年年為客，故忽忽泥人。泥，膠滯也，言滯於客而不能歸也。」

屈原放於河畔，形容枯槁。公用此意。曰「吾獨老」，正見客中無侶。曰「自相親」，言天涯風俗，彼自相親，莫與吾親也。正《十九首》「入門各自媚，誰肯相為言」意。諸注謂久客天涯，與彼中風俗相親。不應云吾獨老矣。

雪後杖藜，獨臨丹壑，忽憶冬至朝班，此時紫宸殿中鳴玉而朝者應散班矣，不覺心為寸折，恨不能即至長安，其如路逃何也。

舍弟觀赴藍田取妻子到江陵喜寄三首

天寶初，荊州改為江陵。考公詩題有《得舍弟觀書自江都已達江陵》詩，云：「爾到江陵府，何時到峽州。」黃鶴謂是大曆二年春作。此三首應是得書後喜寄也。觀書內必言欲到夔訪公，故公云吾即出峽到江陵，先以慰之。按：夔與荊州接境。

汝迎妻子達荊州，消息真傳解我憂。鴻鴈影來連峽內，鶺鴒飛急到沙頭。嶢關險路今虛遠，禹鑿寒江正穩流。朱紱即當隨綵鷁，青春不假報黃牛。

兵戈梗塞，消息多訛。自公得觀書，始知真已達江陵矣。憂憶之懷始解。

鴻雁飛有後先之序，故藉以喻兄弟。今雖至江陵，未至峽內，形尚隔而影已相連矣，影來即書來也。《方輿勝覽》：「沙頭市去江陵十五里。」言觀急飛已至江陵，因念公之故，如兄弟之急難也。

嶢關，即藍田關。觀從藍田迎妻子，必經嶢關之險。今喜已到江陵，是險路雖遠，亦虛遠矣。謂彼自險遠，於我已無與也。嶢，音堯，故下句借禹為對。郭璞《江賦》：「巴東之峽，夏禹疏鑿。三峽素屬危流，惟逢寒水涸，危流亦穩。」公擬冬寒出峽，下江陵，謂此時流正穩也。

公為郎，賜緋，故朱紱。幕下郎官，本不必自誇。此詩正是一紙家書，故敘述別後履歷，言吾今已受郎官，可佩朱紱，乘綵鷁而來。兄弟骨肉相慰勞之語，不嫌其侈張道實事也。

青春，指來歲言，謂來歲之春，定到江陵，與弟相見，不待報平安於黃牛峽中矣。因黃牛灘迂迴盤曲，信宿難達，故舉以言傳報之不易也。明年正月中旬，公果去夔出峽，三月至江陵。

馬度秦山雪正深，北來肌骨苦寒侵。他鄉就我生春色，故國移居見客心。歡劇提攜如意舞，喜多行坐白頭吟。巡簷索共梅花笑，冷蕊疏枝半不禁。

秦山在藍田界。追敘觀自北而來，不避寒苦也。

他鄉，即指江陵。觀之來江陵，乃就我也。自北來南，氣候漸暖，昔日之侵寒可憐，今日之生春可喜，正是中言喜意。

藍田、杜曲，同在三輔之內，乃公之故國也。捨故國而移居他鄉，兄弟之情厚矣。今日方見汝為客之心，豈忍恝然於故國哉？乃就我而不得不然也。下四句俱喜極之詞。

晉王戎好作如意舞。白頭吟，猶白首放歌意。舞既提攜如意，行坐又復吟詩，手口並舉，不自少停，是之謂劇，是之謂多，總形容「歡」、「喜」二字。

既舞且吟，又緊接巡簷索笑，甫坐又行，甫吟又笑，誰可與共笑者，則索之簷下之梅花。「索」字奇。我自不禁其笑，而花為我喜，亦半不禁也。笑與梅花平分。「半」字更奇。冷蕊疏枝，說到淒其無可歡之狀，偏從淒其中生出喜意，造句命意更奇。諸注俱云：梅乃初發，尚不禁冷，不如我之春色。興味索然矣。

庾信羅含俱有宅，春來秋去作誰家。短牆若在從殘草，喬木如存可假花。卜築應同蔣詡徑，為園須似邵平瓜。此年病酒開涓滴，弟勸兄酬何怨嗟。

庾信自建康遁歸江陵，居宋玉故宅。注見前。《晉書》：「羅含，字君章。為桓溫別駕。在荊州，於城西池小洲上卜居。」《渚宮記》：「君章宅在江陵城西三里，庾信亦嘗居之。」

公欲與觀共謀卜宅，必以古人之居為居。「春來秋去作誰家」，言兩賢之宅歷幾春秋，不知今屬何人也。使其遺址猶有存者，即短牆亦不宜毀之，從殘草之中拂拭以居可也。若喬木尚在，即可假花而居，雖一草一木不忍伐也。此見公景仰兩公意。

《高士傳》：「蔣詡，字元卿，杜陵人。為兗州刺史。因王莽居攝，以病免，歸田里，荊棘塞門，舍中竹下開三徑。」邵平，注見前。蔣、邵人品又在庾、羅之上，故公言舊宅如不能覓，新創者務存古人之風。開徑藝蔬，一如蔣、邵之徑與園，庶可同居共適也。弟勸兄酬，預道新居樂事。

錢牧齋曰：「庾信、羅舍有宅，謂江陵之寓居也。春來秋去，以燕自況也。

短牆、喬木，指秦中故居。蔣詡、邵平，一居杜陵，一居東陵，皆老於長安者。卜築句，正用杜陵故事，與邵平為偶，非泛用三徑也。弟勸兄酬，言歸秦之樂也。」按：此解言公到底只思長安，意更深妙。

人日

題原是《人日兩篇》，與五言律一首同時作，應是大曆三年人日也。時公出瀼西，下荊南。

蔡絛《詩話》云：「都人劉克，窮該典籍，嘗與客論云：『子美《人日》詩：元日至人日，未有不陰時。人知其一，不知其二。起就架上取書示客，曰：此東方朔占書也。歲後八曰：一日為雞，二日為狗，三日為豕，四日為羊，五日為牛，六日為馬，七日為人，八日為穀。其日晴，主所生之物育，陰則災。豈《春秋》書王正月意耶？』」

此日此時人共得，一談一笑俗相看。樽前栢葉休隨酒，勝裏金花巧耐寒。佩劍衝星聊暫拔，匣琴流水自須彈。早春重引江湖興，宜道無憂行路難。

按：公五言七言二首合看，始知其義如此。詩云「此日此時」，蓋承五言「元日至人日，未有不會時」而言也。人日晴否，原屬眾人共得之日，吉同得吉，凶同得凶，非獨關吾一身也。未有不陰，凶可知矣。乃俗尚談笑，相看莫知愁者，歎眾人莫辨吉凶之占也。不讀五言，不知此二語之旨。

一談一笑，寫出俗人哄然貿貿之狀。此一談，彼一笑，群逐而靡相看，而不知天之所以陰也。下隨酒、剪花，正言其談笑相看之態。

俗惟談笑相看，不以天之陰為慮，故樽前栢葉仍復追隨。俗於元日飲椒栢酒，進酒次第，以少者為先而老者隨之也。曰「休隨」，是戒其談笑意。未有不陰，則未有不寒。公五言律「冰雪鶯難至，春寒花較遲」是也。巧耐寒者，特剪綵之金花耳。俗於人日剪造花勝相遺，象瑞圓全勝之形，又像西王母戴勝，取改舊從新之意，故曰勝裏金花。巧者，言其耐寒，非正也。競相戴勝，具見談笑之狀。

後四句一氣下，公蓋欲避俗而行也。佩劍匣琴寫出行況，謂俗不我信，我有佩劍而往耳。張雷望劍氣衝牛斗，我之劍光尚可衝星，則直前之氣甚猛。聊暫拔者，壯行色也。俗不我知，我有匣琴而去耳。琴有《流泉操》，我之知音在乎流水，則俗人豈能屬和？自須彈者，謂自有彈時，今則且匣而行可也。

早春，即人日也。時公出峽，下荊南，故曰「江湖興」。從此浩然而重引江湖之興，豈我之恝然於從俗哉？亦睹天時而感人事之夢，夢此邦之人不可與處耳。曰「重引」，有猛然而行之意。

末句意復曲轉。天之陰霾，此地然，彼地亦應然，安有可避之地，亦安在非難行之途？公所自信者，直道而已。我自守其正宜，則雖天之陰氣亦不得為我祲災，故無憂於行路之難也。俗之淡笑，直看作毫無關係之事，而公獨以一片正宜之氣御之。蓋日則人日也，象則天譴也，隨俗之眾人則不能覺也，守道之君子則未有敢忽者也。其曰「無憂」，乃所以深憂也與？

王阮亭曰：「此詩前四句起，後四句又於各四句中自相起伏。首二句承五言來，次聯即承首聯，第三聯又喚起結聯也。人不知次聯正是談笑相看，三聯佩劍、匣琴乃公之行色，故從來夢夢。得修遠解出，為之叫絕。少陵詩多不可解，經修遠而意義無不呈露，起伏、假落、字句無不鉤剔而出，省後人無限思力。」

宇文晁尚書之甥崔彧司業之孫尚書之子重泛鄭監前湖

鄭秘監，名審。有湖亭在峽川。公春晚至江陵過之，陪李尚書之芳泛舟其間。今又餞別宇文晁，因同崔彧重泛。崔彧為世家子，故敘其家世云。

郊扉俗遠長幽寂，野水春來更接連。錦席淹留還出浦，葛巾欹側未回船。樽當霞綺輕初散，棹拂荷珠碎卻圓。不但習池歸酩酊，君看鄭谷去夤緣。

首二句言鄭之湖亭在郊之外，與俗相遠。扉，亭之扉也。惟遠俗，故幽寂。又值春來，正野水連接之時，故亭景尤勝。錦席淹留，餞宇文也。還出浦，謂在亭上而復至湖中，留連而不能去也。

曰葛巾，明是夏泛。酒酣而葛巾為之欹側，先寫出泛湖酩酊之狀。乃猶未肯回船，則淹留亦甚矣。

霞，晚霞也。既見晚霞，復見其從綺而漸輕，又見其從輕而漸散，乃樽酒嬉遨，當之而不倦，然後乃回棹焉。湖中荷珠，碎而復圓，皆回棹所拂也。想見舟中之人，側巾狂飲，何異山簡從習家池酩酊而歸。末二句寓諧謔之意，本送宇文之官，故以山簡比宇文。然不但宇文酩酊，直以鄭谷高隱之地看作餞送烏紗之場。鹿鹿忙忙，便都似夤緣者，然則無地非夤緣之地。可知舊注夤緣，言繹絡而去者多也，殊無義味。

多病執熱奉懷李尚書

執熱，是執而不化意，言結成一塊熱也。《唐史》：「李之芳，蔣王惲之曾孫。廣德初，詔兼御史大夫。使吐蕃，留二載乃歸，拜禮部尚書。」

衰年正苦病侵陵，首夏何須氣鬱蒸。大水淼茫炎海接，奇峰碑兀火雲升。思沾道渴黃梅雨，敢望宮恩玉井氷。不是尚書期不顧，山陰野雪興難乘。

題曰多病執熱，公當衰年，又值多病，已萬不能堪，乃復苦之以鬱蒸之氣，是病既侵陵而不肯恕，熱復相逼而不能解，況是首夏，何須如此相侵，詞極怨歎，仍婉含不怒。《古詩》：「首夏猶清和，敲蒸鬱凌冥。」

水本生涼之境。況曰大水，又曰淼茫，則益生涼矣。乃竟與炎海相接，海且炎，則他水可知。雲亦蔽熱之物，況夏雲奇峰，碑兀而起，則益可助涼矣。乃竟是火雲之升。雲亦火，則無雨可知。地氣天氣交相鬱蒸，極狀無處可避之苦。

《漢武帝紀》：「暍死。」注：「暑熱死也。」「黃梅雨」隱承「雲」來。雲升則望雨，乃思沾梅雨，徒歎道渴，惟有困於火雲而已。《魏畧》：「明帝九龍殿前有玉井。」《東京賦》：「其南有謿門，門內有氷室。」唐制：百官賜氷。「玉井氷」隱承「水」來。水炎則思氷，乃宮恩既杳，安望賜氷，惟有束於炎海而已。此所謂執熱也。公有渴疾，且放廢不沾氷賜，二語無限悲歎。

漢陳樽每飲賓客，必投客轄井中。時北部刺史過遵，值其方飲，叩遵母，頭自白：當封尚書，有期會狀。遵母乃令從後園出。又，應休璉《與滿公琰書》曰：「孟公不顧尚書之期。」此引以見懷李尚書也。雖尚書有期，熱不能往，故借用陳、孟事。

末句借子猷訪戴，山陰野雪，一為點綴，大有望梅止渴之意。乃因病，興不能乘，則雪訪亦虛耳。既不能乘雪以訪熱，何由化此，所謂多病執熱也與？此所以徒懷尚書也與？

江陵節度使楊城郡王新樓成王請侍御判官賦七字句同作

楊城郡王，衛尚書伯玉也。初，代宗幸陝，以衛有幹畧，可當方面，任大事，乃拜荊南節度使。按史云：伯玉，大曆初丁母憂，則是時未再朞也。雖曰起復，亦不當作樓命客賦詩，當時士論醜之，宜哉！公至江陵，遂依伯玉。二詩讚美如此，豈其然乎？亦賓主之情，不得不然耳。

樓上炎天冰雪生，高飛燕雀賀新成。碧窗宿霧濛濛濕，朱栱浮雲細細輕。杖鉞褰緯瞻具美，投壺散佚有餘清。自公多暇延參佐，江漢風流萬古情。

炎天而冰雪生，惟樓高，故涼也。《淮南子》：「大廈成而燕雀賀。」加以「高飛」二字，總見樓之高。

晉羊球《登西樓賦》云：「畫棟浮細細之輕雲，朱栱濕濛濛之飛雨。」公次聯用此。「碧窗」、「朱栱」，言其氣色之新。「宿霧」、「浮雲」，又像其高也。

漢賈琮為冀州刺史，升車言曰：「刺史當遠視廣聽，何反垂帷裳以自掩蔽乎？」乃命御者褰帷。祭遵，字第孫。雅歌投壺，雖在軍旅，不忘俎豆。此言楊城杖鉞而出，褰帷使人得瞻其具美，兼能投壺開帙，當軍務悾傯，仍有餘閒，宜得優游觀新樓之成也。

參佐，侍御判官及公也。隱用庾亮鎮武昌，佐吏乘月登樓事。《詩》：「滔滔江漢，南國之祀。」楊城當重任，尚文雅，而有餘清，故多暇以延參佐。其一時風流，實為萬古所想慕矣。

又作此奉衛王

西北樓成雄楚都，遠開山嶽散江湖。二儀清濁還高下，三伏炎蒸定有無。推轂幾年惟鎮靜，曳裾終日盛文儒。白頭授簡焉能賦，愧似相如為大夫。

雄楚都，見楚都獨有此樓也。惟其高壯之勢，獨雄楚都，故登高遠望，足以見山嶽之開列，江湖之散佈，總是無不見之意，不必如諸注拘定衡嶽洞庭。

二儀之高下無可分得，是樓而高者還其高，下者還其下，竟將清濁平分，樓之高分明在半天矣。三伏炎蒸，勢所必有。今登此樓，乃遂不可定。以為無，則三伏定有炎蒸；以為有，則此樓竟無炎蒸。是一定之理，登此樓而不定也。既以此樓分兩儀之高下，復以此樓定三伏之炎蒸，此真驚人語。

《漢·馮唐傳》：「古者命將，跪而推轂。」鄒陽《上書》曰：「何王之門，不可曳長裾乎？衛王幾年以來，惟以鎮靜馭下，故曳裾於其門者，文儒日盛。」此泛指侍御判官輩言。梁王遊兔園，授簡於司馬大夫，則公輩賦詩為贈意也。曰「焉能」、曰「愧」，因王請詩而致自謙之詞。杖鉞諸故實，俱屬節度使，未及郡王。再用梁王授簡事作結，並郡王二字亦見。此二詩已開後人真實法門。其博厚渾成，人仍莫及。

公安送韋二少府匡贊

公安縣，屬荊州。少府，今之典史。匡贊，匡助縣令之政也。大曆三年作。是年秋晚，公遷公安。

逍遙公後世多賢，送爾維舟惜此筵。念我能書數字至，將詩不必萬人傳。時危兵革黃塵裏，日短江湖白髮前。古往今來皆涕淚，斷腸分手各風煙。

《北史》：「後周韋敻，字敬遠。徵辟不就，周文帝號之曰逍遙公。」《唐書》：「韋嗣立同中書門下三品，嘗於東山營別業，中宗往幸，即日拜逍遙公。」《世系表》：「韋氏凡九房，以敻之後為逍遙公房，以嗣立之後為小逍遙公房。」首句世系之高，及韋二之賢，七字包盡韋二。蓋後進而知慕公者，故送其解維，不能不為離宴惜也。

囑其頻附書來，乃見念我之情。又云不必廣播我詩，恐傷時之句逢忌才之人也。

詩值艱危，已無太平之樂。然使苟安旦夕，猶之可也。今則兵甲縱橫，烽火旌旗，無日不憂懷於黃塵之里，是危而益之危矣。來日苦短，已無少年之況。然使遁跡山林，猶之可也。今則江湖漂泊，驚波駭浪，時悲傷於白髮之前，是短而促之短矣。兩句中藏兩曾意，備極淒戚。此聯亦承上聯來。我之歷境如此，汝烏容不念，我又何況味，而以詩誇示於人。

古今往來，公胸中有無限事在，不能行之於身，亦思傳之其人。韋二既係微官，又戒其勿廣博我詩，則公之心事無可付，付之涕淚而已。分手之際，各以風煙為慮。思後晤之難期，不覺腸為斷也。是年吐蕃入寇，京師戒嚴。

曉發公安

公自注：「數月憇息此縣。」《移居公安》詩云：「水煙通徑草，秋露接葵園。」而《留別大易沙門》云：「沙村白雲仍含凍，江縣紅梅已放春。」則是秋至公安，暮冬始去。其曰「數月憇息」，蓋為此也。大曆三年作。

北城擊柝復欲罷，東方明星亦不遲。鄰雞野哭如昨日，物色生態能幾時。舟楫眇然自此去，江湖遠適無前期。出門轉眄已陳跡，藥餌扶吾隨所之。

晉傅云：「東方大明星，光影照千里。擊柝欲罷，明星將滅。」所云曉發也。曰「復」、曰「亦」，俱照對昨日而言，故下句云「如昨日」。

曰「鄰雞」，公猶未離鄰，見此曉方發也。鄰雞已鳴，昨之哭者，今又哭矣。此是曉景。此句承上聯。「物色」句起下意。

《青藤路史》云：「物者，如眉目口耳鼻，凡係諸面部支體長短肥瘦者是也。面部之色是也。當高宗時，用此畫圖以訪求傅說，後遂以記憶訪求為物色。」「物色生態能幾時」，是人生幾何之意，言易老也。忽然而曉，忽然而暮，忽然暮而復曉，人生能幾時哉！

一去眇然，離公安而去，不知所以也。扁舟飄渺，江湖滿地，此身總無繫戀之所，亦無歸著之處。陳跡，指公安言。所謂俯仰之間，便為陳跡也。正是人生能幾時意。藥餌相扶，隨其所之，自此曉發，吾亦不復能自定矣。八句總是一意，作一氣讀。

留別公安大易沙門

大易，僧名。大曆三年，公自公安將往岳陽，故留別。是年冬作。

隱居欲就廬山遠，麗藻初逢休上人。數問舟航留製作，長開篋笥擬心神。沙村白雪仍含凍，江縣紅梅已放春。先踏爐峯置蘭若，徐飛錫杖出風塵。

匡廬為第八洞天，晉僧惠遠居焉。公欲就者，蓋託言也。《宋書》：「僧惠休，姓湯氏，能詩。宋世祖命還俗，官至揚州從事。」麗藻豈僧之本色，公特藉以比大易之能詩耳。曰「初逢」，惜其逢之未久。

「數問舟航」，謂大易問公之將行，屢貽以詩也。公留之篋笥而長開以擬之，想見禪家之心神在其中，非徒麗藻而已。擬人必於其倫。公一詩中以三僧擬大易。晉惠遠之高曠在休上人之上，誌公之神通更在惠遠之上，乃三僧未易誰擬，故公欲擬大易之心神，仍於大易製作中擬之。製作可證心神，乃是神家上乘。否則，不過一詩僧而已。擬字中，公已證禪宗矣。

李望石曰：「沙與雲同白。沙村之雪，其色為沙所含。凍氣倍結，春氣閉藏於地中，而獨梅先開，是天之所閉者，梅放之也。二語寫留別之景，大有禪意。」

廬山西南有香爐峰。公欲隱居廬山，言當為大易先置蘭若，以招其來也。《辨林》曰：「梵言阿蘭若，蘭，香草也，若乾草也，乃香潔艸庵之意。」

末句用誌公飛錫事。曰「徐出」，用事翻事，謂吾已為爾置蘭若，不待爾之急飛錫也。一首中引三僧以況大易，謂吾正欲訪遠，早已逢休；既已逢休，

則當急為安置，不必如誌公白鶴相爭此一片山麓也。

　　細看此詩，公欲就廬山，方有隱居之志。身既隱矣，焉用文之？乃忽逢麗藻之僧，公欲就僧而隱，而僧偏以麗藻動公。僧既麗藻，則僧反不能隱矣。數問我之行色，必欲留彼麗藻之製作，豈我欲隱廬山之意哉？我又不覺為其所動，不能恝然置之，則長開篋笥以觀之，擬其製作之心神，果欲隱者乎？抑自矜麗藻者乎？不見白雪甫含凍，紅梅已放春，景物又將麗藻矣，恐從此益觸詩人之麗藻，我殆將不能隱乎？故惟留此詩，不復與此僧作別，先踏爐峯，急覓隱地，並招之而來，寄語大易，錫杖徐飛，早出風塵之外，勿戀戀於麗藻中可也。麗藻正是風塵，通首婉折如此。

酬郭十五判官受

　　時公在潭州，未幾入衡州。郭在潭，公先示以詩。郭因作詩寄上，而公復酬之也。

　　才微歲晚尚虛名，臥病江湖春復生。藥裹關心詩總廢，花枝照眼句還成。只同燕石能星隕，自得隋珠覺夜明。喬口橘洲風浪促，繫帆何惜片時程。

　　郭寄公詩云：「新詩海內流傳困，舊德中朝屬望勞。」而公云「才微」，云「虛名」。郭又云：「郡邑地卑饒霧雨，江湖天闊足風濤。」而公云「江湖臥病」。郭又云：「松醪酒熱傍看醉，蓮葉舟輕自學操。春興不知凡幾首，衡陽紙價頓能高。」而公云「詩總廢」。又自比燕石，比郭為隋珠，所云酬者如此。

　　燕石星隕，合以成句，總見物之膺者，光不能久，所以自謙也。

　　蔡夢弼曰：「橘洲在長沙郡之喬口。公欲郭自潭到衡，不惜片時程，冀一會面耳。」愚看「繫帆」二字還是公在潭候郭。

　　題云酬，是公病廢，久不作詩。詩句之成，因判官之詩而成也。詩雖成，總是燕石，不復如判官之詩光彩照耀，則才之微、名之虛可知。慕其詩，欲見其人，故公不惜繫帆以待也。公於能詩之士，雖風波逆旅之中，不憚流連互口，彼此唱酬，其於詩亦癖矣。判官何人，公以千古詩豪而酬之，乃自謙如此。今人甫學叶韻，便自矜獨絕，輒以凌屬之氣加人，豈不令少陵絕倒？

　　洪容齋《隨筆》曰：「少陵集中所載韋迢、郭受詩，至云『新詩錦不如』、『自得隋珠覺夜明』，則二人詩名可知。然非編之杜集，其姓名淹沒，不傳於世矣。」

小寒食舟中作

小寒食如小至之類,寒食前一日也。公在潭州。

佳辰強飲食猶寒,隱几蕭條戴鶡冠。春水船如天上坐,老年花似霧中看。娟娟戲蝶過閒一作「開」。幔,片片輕鷗下急湍。雲白山青萬餘里,愁看直北是長安。

此公自言老病,不勝杯酌,因佳節而強飲,然又禁火冷食,則亦不能盡觴也。鶡冠子,楚人,以雄雉羽為冠。公於舟中,但憑几而戴隱者之冠,亦蕭條甚矣。

是時春水方溢,舟若凌空;老眼昏蒙,花如含霧。寫舟中蕭條之況,此是實境。

張耒《雜志》曰:「公諱父名,不用閒字。王仲至家有古寫本杜詩,『閒幔』本作『開幔』,謂在舟中開幔,因見蝶過也。」娟娟,蝶之戲態也。鷗本身輕,易於下湍,湍急益助其輕。片片寫出輕狀。舟中無聊,閒觀而得物態有如此。

「鷗下急湍」,從「船如天上坐」生來。惟舟凌空而上,益見鷗下湍之急。「蝶過開幔」,從「花似霧中看」生來。惟看花不甚分明,故蝶戲娟娟,在於花際,止隨幔影。而過錯互應上聯。公詩每用此法。

時公在潭州,則長安在北。「是長安」,「是」字無限傷神。雲白山青,一望無際,萬里遙遠,俱在疑似之間。今已知其是長安矣,那得不愁看也。看山望雲,俱是舟中無聊之況。

沈佺期詩:「人如天上坐,魚似鏡中懸。」又:「雪白山青千萬里,幾時重謁聖明君。」《詩眼》曰:「公詩多本沈語,無字無來歷。」余謂少陵所以獨立千古者,不在有所本也。「讀書破萬卷」,偶拈來即是耳。《詩三百篇》豈必有所本哉!

贈韋七贊善

唐東宮官有左右贊善各五人,掌傳令,諷過失,贊禮儀。此詩在潭州作。

鄉里衣冠不乏賢,杜陵韋曲未央前。爾家最近魁三象,時論同歸尺五天。北走關山開雨雪,南遊花柳塞雲煙。洞庭春色悲公子,蝦菜忘歸范蠡船。

公與韋贊善同為長安人,故云鄉里。漢高七年,至長安,使蕭何治未央宮。

韋、杜之居皆在宮前。贊善必韋見素之後。見素位至宰相，贈司空。公自注：「斗魁下，兩兩相比，為三臺星。」韋係相門，故云「爾家最近魁三相。」公自注：「鄉中俚語曰：『城南韋杜，去天尺五。』」兩家同在未央宮前，而俚語如此，故曰「時論同歸」。

「北走關山」，公送韋歸長安也。「南遊花柳」，公自欲南遊也。韋今北去，雨雪正開；公欲南遊，風煙尚塞。故見洞庭之春色，徒悲公子之去。而公身繫舟中，正如范蠡泛湖，扁舟忘歸耳。《楚辭》：「悲公子兮未敢言。」諸注以南遊屬韋，便難解說。

馬永卿《嬾真子》曰：「僕見浙人呼海錯為蝦菜，每食不可闕。」公詩「風俗當園蔬」，即此意也。

燕子來舟中作

公大曆四年正月，自岳陽之潭州。五年春，猶在潭州。時率舟居，故於舟中兩見燕子。

湖南為客動經春，燕子啣泥兩度新。舊入故園嘗認主，如今社日遠看人。可憐處處巢君室，何異飄飄託此身。暫語船檣還起去，傳話落水益沾巾。

公舟中作客，經兩春矣。燕子啣泥，亦兩度矣。首聯只言燕子無春不來，猶屬泛詞。

次聯言燕曾入我故園，得毋嘗識主人乎？不然，何故遠至舟中來看我也。旅客無聊，至云燕來看人。人不能憐公，憐公者，獨燕耳。

《古詩》：「思為雙飛燕，啣泥巢君室。」三聯公以燕自比，處處可巢，飄飄而託。公憐燕，還自戀也。

末聯言燕之來舟中，特暫耳。語，燕語也。暫語船檣，即還起去，不似公之繫於舟而不能去也。燕去而穿花落水，復啣泥以營巢，為棲身之計，不似公之無家可歸也。公並燕之不如，故益為沾巾，不復憐燕，徒自憐矣。此詩章法層次如此。

長沙送李十一

大曆五年春，公在潭州。夏，避臧玠亂，入衡州。自潭之衡，欲歸襄陽，故下岳陽，復次潭也。時公率舟居。考公是年卒。詩云「碩雲寒菊」，應是秋盡冬初矣。公卒之月不可考，據是詩，當卒於冬也。

　　與子避地西康州，洞庭相逢十二秋。遠愧上方曾賜履，竟非吾土倦登樓。久存膠漆應難並，一辱泥塗遂晚收。李杜齊名真忝竊，碩雲寒菊倍離猶。

　　西康州在同谷縣。公於乾元二年秋客秦州，十月往同谷縣，與李同避地於此。今在洞庭復相逢，故云「洞庭相逢十二秋」。自乾元二年己亥至大曆五年庚戌，凡十二秋也。首言避地，見與李同隱。

　　次聯公自敘為官與棄官也。遙憶拜拾遺時，曾蒙尚方賜履，而今不能如王喬之飛舃而朝，故曰「遠愧」。王粲《登樓賦》：「雖信美而非吾土兮，曾何足以少留。」時公四李杜云。愚謂公又與李十一忝竊齊名，則五李杜矣。